JN040414

地域創造研究叢書
No. **37**

教員養成における
アクティブ・ラーニングの
実践研究

愛知東邦大学地域創造研究所 = 編

唯学書房

まえがき

　「教員養成におけるアクティブ・ラーニングの実践研究部会」は、2020（令和2）〜 2023（令和5）年度までの3年間（新型コロナウイルスの感染拡大による1年間の研究中断を含む）にわたって、研究を行ってきました。

　元々は、2018（平成30）年3月に開催された愛知東邦大学地域創造研究所シンポジウム「アクティブ・ラーニングの視点を問う―小・中・高・大学で『主体的・対話的で深い学び』を育むために―」を受けて発足した「教員養成における主体的・対話的で深い学びの実践研究」部会（2018（平成30）年4月〜2020（令和2）年3月）の研究内容を引き継いだ部会です。主査は白井克尚、副査は丹下悠史で、本学教育学部における幼小の教員養成だけではなく、本学人間健康学部における中高の教員養成、他大学の教員養成にも関わって研究を進めたことが本部会の大きな特徴です。

　第1・2章では、本学名誉教授の今津が、本研究の理論的な背景について論じています。第1章では、「アクティブ・ラーニング」と「主体的・対話的で深い学び」そして「探究学習」との関係について、日本における「生徒・学習者中心」の学習方法の展開から理論的に整理しています。さらに、「チャットGPT」の適切な利用法について、「探究」の観点から検討していることは、最新の研究成果といえるでしょう。

　第2章では、「サービス・ラーニング」が、「非認知能力」を育てる活動として、重要な意味をもっていることを学生のレポートから実証的に明らかにしています。そして教員養成においても「非認知能力」に注目すべきではないか、といった新たな問題提起を行っています。現在、本学が教育学部発足時より推進してきた「サービス・ラーニング」は、特色ある教育活動として根付いています。また、全国の大学を見ても「サービス・ラーニング」は、教育活動の取り組みとして急速な広がりを見せつつあります。

　第3章では、教育学部の白井が、総合的な学習の時間の指導法におけるアクティブ・ラーニングについて実践報告を行っています。現代的課題としての新型コロナウイルスの教材化を通して、学生たちは、総合的な学習の時間を指導する際に求められる教材研究の基礎的な姿勢を身に付け、年間指導計画を作成する際に求められ

るカリキュラム・デザインの基礎的な方法を理解したことについて述べています。

　第4章では、教育学部の山本が、小学校国語科教育法におけるアクティブ・ラーニングについての実践報告を行っています。小学校現場における長年の経験を踏まえ、きめ細やかな学生指導を行っています。また授業評価アンケートの結果からは、学生が、国語の授業実践力を具体的に身に付けていることが明らかになります。

　第5章では、教育学部の伊藤が、小学校体育科教育法におけるアクティブ・ラーニングの在り方について論じています。「できる・できない」がはっきりと可視化される体育の授業に、コンプレックスを抱える学生が増えている中、よりよい体育授業の在り方を、自分自身で考えていくことができる学生を養成していくことの重要性について述べています。そのような授業を受けた学生は、今後も様々な学びを通して、小学校の体育の授業においてもアクティブ・ラーニングを推進していくこととなるでしょう。

　第6章では、人間健康学部の丹下が、道徳の理論及び指導法におけるアクティブ・ラーニングについての実践報告を行っています。2015年3月に告示された学習指導要領によって小・中学校で行われてきた「道徳の時間」は、「特別の教科道徳」となり、「考え、議論する道徳」への転換が期待されています。授業を通じて、受講者は、学習者（ラーナー）の視点に立ちながら、道徳の授業を計画・実施・評価する姿勢を身に付けたことが分かります。

　第7章では、学外研究員で東海学園大学の水野が、教育実習の事前事後指導におけるアクティブ・ラーニングの在り方に関して論じています。東海学園大学スポーツ健康科学部（中高保健体育）・経営学部（中学社会・高校商業）の学生を対象とした「教育実習指導」の授業において、自身の高等学校教員の実務経験や、日本協同学習学会理事としての研究歴を踏まえ、説得力のある実践報告を行っています。

　第8章では、教育学部の白井と柿原の共同執筆として、保幼小接続・連携を担う教員養成におけるアクティブ・ラーニングについて実践報告を行っています。教育学部総合演習において年間を通じたフィールドワークによる「森林環境教育を目指した教材・教具の開発」といったプロジェクト型学習を通じて、学生が保幼小接続・連携を担う教員として必要な視点への基礎的な理解を深めたことについて述べています。

　第9章では、教育学部の西崎が、教育学部合同・学外演習プログラムとして、教

育学部におけるアクティブ・ラーニングとしてのフィールドワークを実施し、その成果についてまとめています。「徳川家康」をテーマにした資料収集、学外での体験、事後学習とゼミでの発表を通じて、参加した学生たちは、小学校における教材研究・授業づくりの在り方や、引率のために必要な事前準備について学ぶ機会になり、充実した学習になったことについて述べています。

　このように、それぞれの専門性の違いはありますが、本研究部会の全員が、新型コロナウイルスの感染拡大にも負けず、教員養成におけるアクティブ・ラーニングの実践に意欲的に取り組んだことは、間違いありません。そして、実践の成果の一つとして、学生たちの生き生きと他者と関わり合いながら学ぶ姿が現れたことは、喜ばしいことです。さらに、教育現場に実践力を伴った卒業生を、継続して送り出すことができていることを嬉しく思います。今後も引き続きアクティブ・ラーニングを担う教員を教育現場に送り出すために、研究を深めていく所存です。

　本書が教員養成におけるアクティブ・ラーニングの実践に、同じように悩みながら取り組んでいる全国各地の先生方に示唆を与えることになれば、幸甚です。

　末筆ながら、地域創造研究所ならびにその事務局の方々、唯学書房の伊藤晴美様には、大変お世話になりました。ありがとうございました。研究部会を代表して、心より御礼申し上げます。

2023 年 12 月 10 日

　　　　教員養成におけるアクティブ・ラーニングの実践研究部会　主査

　　　　　　　　　　　　　　　　　　　　　　　　　　白井　克尚

目　　次

第1章 「アクティブ・ラーニング」と「主体的・対話的で深い学び」そして「探究学習」
―「生徒・学習者中心」の学習方法の展開―

今津 孝次郎

I 「アクティブ・ラーニング」を問い直す
―地域創造研究所創立15周年記念「シンポジウム2018」の問題意識―

1 「アクティブ・ラーニング」

（1）地域創造研究所「シンポジウム2018」

　2018年3月3日に開催された地域創造研究所創立15周年記念「シンポジウム」のテーマは「アクティブ・ラーニングの視点を問う―小・中・高校・大学で『主体的・対話的で深い学び』を育むために―」であった。「アクティブ・ラーニング」をテーマに取り上げることは、15周年記念シンポを担当することになった教育学部内関係者の間で異論はなかった。2010年代に入ってから「アクティブ・ラーニング」の用語が教育界で全盛となっていたからである。たとえば、2012（平成24）年8月に出された中央教育審議会答申「新たな未来を築くための大学教育の質的転換に向けて―生涯学び続け、主体的に考える力を育成する大学へ―」のなかでは「アクティブ・ラーニング」の導入の基本方針が示され、「教員による一方向的な講義形式の教育とは異なり、学習者の能動的な学修への参加を取り入れた教授・学習法の総称」である、と大学教育の新たな方法として説明されている。

　たしかに「一方向的な講義形式の教育」を転換すること、「『どのように学ぶか』という、学びの深まりを重視する」という要請は教育現場に大きな課題として受け止められたが、「アクティブ・ラーニング」がカタカナによる一語表現であるだけに、伝統的な「受動的学習」を新たな「能動的学習」に転換することくらいは文言上では分かっても、具体的にどのような講義・授業をイメージしたらよいか、さまざまな議論が全国的に飛び交っていたのである。

　なかでも、アメリカで生まれたアクティブ・ラーニングがいかなる意味を持ち、日本でいかに受け入れられたかについて、西岡加名恵が手際よく整理している (1)。

　アクティブ・ラーニングは高等教育が大衆化し学生が多様化するなかで、講義を聞くだけでなく、小グループでの話し合いや、事例研究、概念マップといった形態を活用して大学の学修効果を上げる改善方法として工夫されたものである。その効果も検証され、一定の成果があると証明された。一方の日本では、大規模教室で同じように講義一辺倒になりやすい大学の授業改善として注目されるだけに止まらず、小・中・高校でも取り入れられる動きになっていったところに特徴がある……と。

　そして、西岡が結論的に、アクティブ・ラーニングは「教育改善の手段であって、目的ではない」と主張している点が重要である。アクティブ・ラーニングの舞台は小学校から大学まで各学校段階で異なっているのに、一斉に唱えられると、各学校が工夫する改善のための「手段」というよりも、アクティブ・ラーニング自体が「自己目的化」してしまうと疑われるからである。事実、全国でアクティブ・ラーニングが騒がれていくなかで、学校現場では、班討議やグループ・プレゼンテーション、ロールプレイ、ディベート、学校外フィールドワークなど、いかなるアクティブな活動を取り入れるかという授業方法面に関心が集中するという自己目的化への流れが見られた。

　こうした実態を問題視した文部科学省もアクティブ・ラーニングという用語をあまり使わなくなり、2017（平成29）年の学習指導要領改訂では「視点」という文言を加えて、「主体的・対話的で深い学び（アクティブ・ラーニングの視点からの授業改善）」という表現で明確化する措置を取らざるをえなかった。こうして「アクティブ・ラーニング」よりも「主体的・対話的で深い学び」という用語を提起し、「目的」は「深い学び」にあるという考え方を打ち出したのである。こうした点に注目した結果、「シンポジウム2018」の主テーマと副テーマが確定されるに至った。

（2）「主体的・対話的で深い学び」

　以上のように次々と新たな文言表現が登場すると以下の疑問が湧いてくる。かつて2000年代に学習指導要領に取り入れられた「総合的学習」が、当初は目的や方法が理解されずに多くの学校現場に混乱を引き起こした。それは新たな教科なのか、または教科横断なのか。どんな教材を扱うのか、「環境」なのか、「福祉」、「職場体験」、「多文化理解」なのか。授業形態も班討議とかフィールドワーク、プレゼンテーションなどを取り入れるのか、などが学校現場でさまざまに受け止められて、混乱した状況であった。文科省が提起する新たな用語が、学校現場で受け入れ

られにくいという、教育施策と学校の教育実践との乖離という見落とせない問題である。

「主体的・対話的で深い学び」という用語も同様である。確かに文科省の 2017 年「学習指導要領」改訂文書でこの用語が解説されてはいる[2]。一部を抜き出そう。

　　「学ぶことに興味や関心を持ち……見通しを持って粘り強く取組み、自らの学習活動を振り返って次につなげる『主体的な学び』」、「子供同士の協働、教師や地域の人々との対話、先哲の考え方を手掛かりに考えること等を通じ、自らの考えを広げ深める『対話的な学び』」、「習得・活用・探究の見通しの中で、教科等の特質に応じた見方や考え方を働かせて思考・判断・表現し、学習内容の深い理解につなげる『深い学び』」。これらは「アクティブ・ラーニング」の三つの視点であり、「相互に関連しながら授業やカリキュラムの改善に向けた取組を活性化」して、「学習過程を質的に改善」するものである。

この解説を眺めると、いくつかの感想や疑問が浮かび上がる。

①「主体的・対話的で深い学び」という短い用語のなかに、多くの意味合いが含まれていて、この用語を適切に理解することは容易ではない。

②「主体的・対話的で深い学び」は「アクティブ・ラーニングの視点」と重なるという主張であるが、学校現場では両者を統一的に捉える感覚はあまり抱かれておらず、別個の用語として理解されたのではないか。子どもが活発に活動する「アクティブ・ラーニング」のイメージが強いだけに、「視点」という追加用語がいかなる意味なのか、分かりにくい。

③しかも「主体的な学び」・「対話的な学び」・「深い学び」の三つの視点は、互いに絡み合って、学習過程に作用し、「学びを人生や社会に生かそうとする『学びに向かう力・人間性の涵養』」・「未知の状況にも対応できる『思考力・判断力・表現力』」・「生きて働く『知識・技能』の習得」を修得できるように質的改善ができる、とされているが、抽象的・概念的な表現であり、具体的な相互関係を把握しにくい。

④最終的には学習者の立場に立つ言い方のように見えて、「教師や地域」、「教科等の特質」、「授業やカリキュラムの改善」など、教師や学校の側にも軸足を置いていて、結局のところ何を狙っているのか、かなり漠然とした印象である。

⑤また、「班学習」を賑やかにおこなっても、結局何を学んだか学習者自身分からないことがある。教師による一方的な授業形態で深い学びは不可能なのだろうか。教師がただ語りかけるだけでも、そのなかに学習者が考えたこともないような

「発問」が含まれていたら、たとえ教室内で座ったままでも、個々の学習者の頭のなかで「深い学び」が生じることもありうるのではないか。つまり、問題は「表面的な授業形態」でなく、「学習者の内面で、思考や判断力や価値観がいかに変容するか」という点こそ問われなければならない。

（3）「ラーニング（学び）」

　さて、「シンポジウム2018」開催日より2ヶ月余り前の1月27日にシンポジストによる打ち合わせがおこなわれた。シンポジストは、理科を中学校で長年教えて、小学校に異動してからは子どもたちの国際交流実践を積み重ねてきた元小学校長、国語を中心に共同学習を開発してきた元高校教員、教育工学を専攻し大教室での「問い」について工夫を重ねる大学教員の3名である。この3人と司会担当の筆者も含めた4人全員で打ち合わせた結果、一致した見解があった。それは「アクティブ・ラーニング」の名のもとに実践されている多くは、実は「アクティブ・『ティーチング』」ではないか、という点である。いかに学習者が活発に行動しているかに注目することは、あくまで教授・授業者側の視点であり、学習者の「ラーニング」に着目していることにはならない。そこで、アクティブに活動する授業を通じて小・中・高の各段階で、学習者はいかにラーニングをおこなっているのか、についてこそ検討すべきである——こうしてシンポジウムのテーマの中身が固まったのである。

　遠方の大学や近隣の小・中・高校の関係者、大学生を含む60名を超える聴衆を得て、2時間30分にも及ぶ「シンポジウム2018」全体の記録については、地域創造研究所運営委員である白井克尚による記録が詳しく、後半の質疑討論内容まで細かく報告されている(3)。討論の重点は、副題「小・中・高校・大学で『主体的・対話的で深い学び』を育むために」の方にこそあり、後半の質疑応答も「学び」に向けられていった。以下では「シンポジウム」から離れて、筆者なりの一般論を展開してみたい。

　たしかに、先ほど引用した文科省の学習指導要領改訂の2017年解説でも「知識・技能」そして「思考力・判断力・表現力」が強調されて、「何ができるようになるか」を重視しているが、「学び」のダイナミックな過程そのものが十分に説明されているわけでなく、「どのように学ぶか」については、「アクティブ・ラーニングの視点からの授業改善」と述べられるに止まる。すると、知識・技能・思考力な

どと言っても、学校の授業の枠内の活動に閉ざされることになる。しかし、アクティブ・ラーニングでは班討議であれ、ネットを活用した調べ学習であれ、ロールプレイであれ、学校外でのフィールドワークであれ、従来から授業や教科書で慣れ親しんだ認識枠組みとは異なる新たな問題発見の機会が生じ、その解決に向けた取組みが可能となる。それこそ学習主体に根差した「学び」の過程の始まりにほかならないはずである。

（4）「経験からの学び」

　この「学び」の過程を一般的に検討するために、デューイの学説を想起しよう。彼は「新教育」の「授業形態」の実践的な変革に拘っただけでなく、より本質的な哲学とも言うべき「思考」や「省察」の解明に傾倒した。『思考の方法』（原著1933年、邦訳1950年）や『経験と教育』（原著1938年、邦訳1950年）がそれらの中核的成果である。筆者はそのうちの「経験」論が特に重要だと考える。

　「授業や教科書で慣れ親しんだ認識枠組みとは異なる新たな問題発見の機会」として重要なのは、身近な「経験」であり、活動的な「アクティブ・ラーニング」ではそうした「経験」が多く含まれることからしても、「経験からの学び」を見落とすことはできない。デューイは『経験と教育』においても、「旧教育」と「新教育」を対置する[4]。

　「旧教育」：「学ぶということは、すでに書物や年長者の頭のなかに組み込まれているものを習得することにほかならないのである」（20頁）。「新教育」：「新教育の原理は、経験に関する新しい哲学の基礎の上に解決されるべき……個人的経験の仕組みのなかで作動している社会的要因についての十分に考慮された哲学が必要……」（25頁）。

　つまり、「経験」と言えば個人内部の出来事と想いがちだが、デューイに従うなら、経験とは個人と環境との相互作用である。つまり、経験を通じて環境の仕組みを知り、環境のなかで自らの位置を自覚でき、さらに環境との関係の展望をも見通すことができる。こうした相互作用の過程を「省察」（リフレクション reflection）することが「学び」となる。こうしたデューイの経験論以後に、教育学や心理学あるいは経営学などで「経験学習」の諸研究が発展していった[5]。

　筆者はこの経験学習の観点から、愛知東邦大学教育学部での学外アクティブ・ラーニングとも言うべき「サービス・ラーニング」の諸経験の学びの過程の分析を

試みた (6)。学生たちが学外の学校や児童センター、図書館、市民文化センターなどの諸組織に出向き、大学キャンパスとは異なる地域社会でさまざまな直接経験を得ることになる。ただし、経験を得るだけで多様な啓発を受けて意義があると判断するに止まりがちであるが、経験からいかなる「学び」を導くことができるかをさらに探究しないと、啓発や意義の内容を分析して、学びの過程を解明したことにはならない。

　そこで、省察のレポートの書き方を念頭に置きながら、①単なる感想文から、②具体的で詳細な観察記録へ、さらには③観察記録に基づく考察を深めて、抽象的で一般的な問題構築へ、というレポート内容の転換が学びの展開になりうると論じた。「アクティブ・ラーニングの視点」という場合も、これら①から③への活動の発展という捉え方と重なってくる（第2章参照）。

2　育成すべき能力をめぐる基本的用語群
—「教師・指導者中心」から「生徒・学習者中心」へ—

（1）基本的用語群

　実は「アクティブ・ラーニング（の視点）」や「主体的・対話的で深い学び」という用語は、急に登場したのではなくて、それまで多くの基本的教育目標が語られる歴史的流れの延長上で発出されたものである。その時々に用語が変化しても、一貫して変わらぬ一定の流れが大きな幹のように浮かび上がることに注目したい。歴史を遡ると、一連の基本的用語群の源流となるのは1980年代末から90年代にかけて叫ばれるようになった「新学力観」であろう。

1）新学力観

　ちょうど時代背景は日本社会が消費社会化・国際化・情報化・高学歴化の大波に洗われ始めた時期と重なる。従来のように固定的な知識・技術を一方的に与えるような教育では、時代の変化についていけなくなるという危機意識から生まれた新たな教育目標をセットにして示す用語が「新学力観」である。体験的な学習や問題解決学習などが1989（平成2）年改訂の学習指導要領に取り入れられた。評価についても「関心・意欲・態度」が注目され、教師の役割も「指導」から「支援・援助」の姿勢が打ち出された。これは後のアクティブ・ラーニングに見られる子どもたちの「能動的」取組みへとつながる方向転換である。つまり、子どもたちを「学習す

る主体」として捉えるスタンスが明らかにされたと言ってよい。

　しかも、この新学力観を補強することになったのが、1990 年代末から 2000 年代にかけての OECD「生徒の学習到達度調査」(PISA) で、「読解力」における日本の結果が振るわない点で、日本の小・中学生の「学力低下」が大きな問題として指摘されたことである。つまり、PISA が出題しているような学力を目指す必要があり、それが新学力観と重なっていた。

　２）生きる力

　1990 年代後半になると、単なる「学力」という文言ではなく、より拡大され包括化された表現の「生きる力」が提起された。日常語のような表現で茫漠とした印象を与えるが、知・徳・体の全体を包含する全人的な育成目標で、社会変動に立ち向かう学習主体としての児童生徒の能動性をいっそう強調していることが伝わってくる。1996 (平成 8) 年に中央教育審議会の第一次答申「21 世紀を展望した我が国の教育の在り方について」で「生きる力」が正式に謳われた後、2002 (平成 14) 年以降実施の学習指導要領で基本目標として語られた。さらに、2020 (令和 2) 年に公示された「新学習指導要領」では「生きる力をはぐくむ」という理念のもとに個別の指導要領が説明されている。

　このように包括的な用語である「生きる力」は、OECD が 1990 年代末から 2000 年代初頭にかけて検討したプロジェクト「キー・コンピテンシー Key Competencies」の構築と似通っていることに注目したい [7]。「コンピテンシー」は辞書的には「能力・資質」であるが、OECD の用語は独特の意味合いを帯びている。すなわち、国際化と高度情報化、そして地球規模の諸課題のなかで、すべての人々が成功の人生を送り、正常に機能できる社会を実現できるようにするための汎用性の高い基本的能力の育成を目指すことであり、現代人にとって極めて実践的な概念である。

　この概念は次の三つの要素から成るという見解からしても、一般的な「能力」として理解されている内容よりも広範囲であり、世界の諸問題の解決のためにという目的意識が強いことが分かる。三つの要素とは「社会的に異質な集団で交流すること」、「自律的に活動すること」、「道具を相互作用的に用いること」[8] である。

　それにしても「生きる力」は基本理念として理解できるにしても、具体的に学校教育をいかに実践するかについては受け止めにくいからであろうか、新たな形態の

授業が学習指導要領の改訂のなかで提起された。それが 2000 年度から段階的に始まった「総合的学習の時間」である。

3）総合的な学習の時間

　地域の実情に応じながら、子どもたちが自らの興味・関心沿って課題を見つけ、その解決に向けて創意工夫を凝らして取り組むことがその狙いであり、クラスの枠を超えた学年の取組みや教科を横断するような総合的な学習活動である。こうした新たな形態は、クラスごとの教科授業という伝統的な知識伝達の枠組みを超えて、先ずは身近にある問題や課題を設定し、その探究に総合的に取り組む形態であるから、「新学力観」や「生きる力」の趣旨を生かしながら、教育課程の時間割として具体的に組み込んだ画期的な新機軸であった。

　ただし、あまりに新しい授業スタイルのために、当初は学校現場が戸惑い、疑問に感じる点がいくつかあった。①教科横断の授業をいかに展開するか。小学校はまだしも、中学校では教科中心の体制であるから、発想自体が縁遠く感じられる。②身近にある問題や課題をいかに設定するか、問いを立てることに慣れていない。もちろん、国際理解とか環境、地域社会、生命、福祉などが例示されてはいるが。③学年全体で取り組むには教員の連携が不可欠で、準備に時間を取られて、十分な取組みができない。④基礎・基本の知識習得が不十分にならないかが危惧される。

　これらの戸惑いは何を物語っているだろうか。学校教育の基本原理を改めて見直すうえで手がかりが得られるだろう。ⓐクラスと教科を単位として教えるという伝統的な授業の枠組みを突破することが難しい。ⓑ子どもたちが考える問いは教科書で与えられているから、身近な問いを設定することに慣れていない。ⓒ同学年の教師の連携を図りながら総合的学習の計画を立てるには時間が十分に取れないという勤務条件整備上の問題がある。ⓓ総合的学習の時間はいかなる能力を育成できるのか、その点が不明確であると、基礎基本の知識習得はどうなるのか、という疑問が湧きやすい。

　こうした戸惑いや疑問が広がるなかで、総合的学習の時間はその後減少傾向にあるが、今もなお各学校で模索が続けられている。そして、「総合的学習の時間」が提起された後には、より具体的な学習方法として、「アクティブ・ラーニング」と「主体的・対話的で深い学び」が登場することになる。これら二つについては、冒頭で詳しく述べた通りである。

一方、2018（平成30）年に告示された高校の学習指導要領では、「総合的学習の時間」を発展させた「総合的探究の時間」として示されており、依然として「総合的学習の時間」の重要さは変わらないと言える。「探究学習」については後で取り上げよう。

（2）「生徒・学習者中心」の視点

　以上、育成すべき能力をめぐる新たな基本的用語群を時系列的に整理して、「新学力観」・「生きる力」・「総合的学習の時間」・「アクティブ・ラーニング」・「主体的・対話的で深い学び」の概要を眺めてきた。用語表現はそれぞれ異なるが、これら五つの用語を貫いて、一つの大きな意味が隠されていることに気づかされる。それはa「教師・指導者中心 teacher centered」からb「生徒・学習者中心 student (learner) centered」への転換である。デューイの「旧教育」と「新教育」を比較する議論や「新教育」の実践的試みもaをbへと変えようとする意図が込められていたに違いない。

　とはいえ、文科省はaをbに完全に転換させるという明確な方針をもってはいないはずである。学校教育としては、依然としてaの部分が大きく、しかし少しはbの部分を新たに創り出していこう、という提案を繰り返しているのではないかと考える。つまり、言ってみればa＋bである。しかし、ここでさらに論じるのは、新たなbに着目してみると何が明らかになるか、である。

　文言表現だけで「生徒・学習者中心」と言えば、それは素晴らしく望ましい視点だという声がすぐさま返ってくるだろう。しかし、先ほど触れたように、「総合的な学習の時間」が提起されたとき、①～④の戸惑いや、ⓐ～ⓓの疑問が湧いてくるということは、aをbに転換させることが容易ではないことを示している。というよりも、教育や授業の原理は伝統的にaにあるだけに、bの発想に立つこと自体がパラダイム・シフトであると言える。そこで、改めて「学習者中心 learner centered」の意味を捉え直してみよう。授業の展開を実証的に評価する観点から、アメリカの実践的研究者は次のように定義している。

　　　「学ぶ者が学びの過程でどのように、何を、いつ学ぶかを自ら選択して調整し、学ぶ者が達成したい事項を自ら選択して調整することを通じて、動機づけでもっとも高次の自己動機づけ（self-motivated）に基づく学びの姿勢のこと」[9]。
　この定義で中核となるのは「自己動機づけ」である。つまり、なぜ学ぶのか、何

を、どのように学び、学びの達成結果をどの辺に置くのか、それらを決めるのは教師でなく、学ぶ者自身が選択し調整することなのである。とはいえ、最初から「自己動機づけ」をおこなうのは容易ではない。学びの姿勢を形成していくために、先ずは教師が学習者の動機づけをおこなうが、それはいずれ「自己動機づけ」が可能になるような学びの姿勢に向けての指導であることを心得ているかどうか、が問われてくる。「自己動機づけ」をいかに形成していくかが「学習者中心」の原理にとって重要であり、それこそ教師がおこなうべき学習環境条件づくりと言えよう。

（３）情報革命と「学習者中心」

　他方、アメリカ高等教育での授業改革に関してであるが、ｂの発想の重要性を自らの実践的検討で確かめたのがワームである。ワームの次のような主張は、まさに「学習者中心」への転換がパラダイム・シフトであることを暗示している[10]。

　ワームは先行研究である調査結果の知見を引用するところから始める。「情報伝達を目的とした教師中心の指導法は浅い学びと正比例しており、概念の変容を目的とした学生中心の指導法は、深い学びと正の関連を示している」（34 頁）。そして、「深い学び」へと向かう「学習者中心の教育の目標は、学生を自立した自己決定的で自己統制的な学習者として育てること」（11 頁）だと結論づける。だとすると、「学習者中心」の考え方では、次の「教師の役割の転換」こそ重要である。

> 「学習を促進する教育とは、学生に彼らが何をすべきで何を知るべきかを延々と教えることではない、むしろ知識の獲得を容易にすることで学習を促進するのである」（11 頁）。

　この「教師の役割の転換」の観点からすれば、アクティブ・ラーニングについても、子どもたちがいかに積極的に活動するか、といった表面的で一面的な解釈にはならない。むしろ、子どもたちが「知識の獲得を容易にする」ために、教師は学習環境の条件整備にいかに心を砕くか、という発想を取らねばならない。

　しかも、「知識の獲得を容易にする」ことが教師の役割だとすると、それは単に教師―生徒関係や授業構成といったミクロレベルの変化ではなくて、社会が学校教育に何を求めているかというマクロレベルの根本的変化にも注目しなければならない。その変化とは、情報時代の教育ビジョンとして整理することができる[11]。工場生産のなかでは、製造ラインが定められた時間内に自動的に動き、労働者はその動きに従うことが要請されるから、かれらのニーズを発揮する余地はほとんどない。

　これに対して、情報時代には労働者個人の創意工夫が重視され、各人が工夫する時間配分のなかで達成成果の独自性が評価される。つまり、「教師・指導者中心」と「生徒・学習者中心」の二つの原理は、産業革命と情報革命が学校教育に求める人材養成の基本スタイルの相違を物語っていると言ってよい。

　さらに近年では、情報革命による社会変化はさらにスピードアップし、ICTやAIという用語が日常語となるように、「第四次産業革命」とか「Society5.0」と呼ばれるほど、高度情報社会が到来している。そうした社会変化のなかで、「生徒・学習者中心」をめぐって、以下のような五つの普遍的原理がいっそう明確になるという主張がある (12)。その原理は「教師・指導者中心」といかに異なるかについて具体的に説明している。

　①達成度基盤型：学習は時間に基づくのではなく、学習ゴールの達成度に基づく。
　②課題中心型のインストラクション：学習者が強い関心を寄せる課題について、長時間没入できる環境を整える。
　③個人に合わせた課題環境：課題の選定は個人に任せるべきで、指導の性質や量も個人に合わせるべきである。
　④役割の変化：指導者の役割は、能動的学習者（active learner）になることや、学習ゴール設定の支援や、課題遂行の促進などに、学習者の役割は、能動的学習者（active learner）になることや、自己調整学習者になることなどに、それぞれ変化する。
　⑤カリキュラムの変化：現行カリキュラムに欠落している多種の学習を追加し、国算理社を中心にした編成から、効果的な思考、行動、関係づくり、遂行という4本柱を中心にカリキュラムを再編成すべきである。

（4）学力・能力向上に向けた学習方法に関する類型

　産業構造の転換に伴って新たに要請されてくる人材の学力・能力を実現する学習方法の諸変化を眺めると、これまでの基本的用語群は図1-1に示すように位置づくと考えられる。

　まず、要請課題としての学習方法開発に向けた基礎的な原動力として、「新学力」と「生きる力」がある。そして、横軸にこれまで論じてきたような「教師・指導者中心」と「生徒・学習者中心」を位置づけよう。そして縦軸に「教科内」と「教科横断」を位置づけたい。授業は教科という枠内で展開されるのがごく当然と考えら

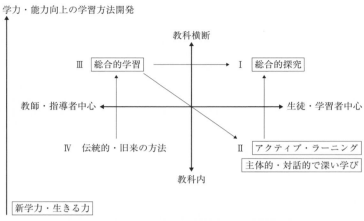

図 1-1　学力・能力向上に関する基本的用語群

れているが、この枠を撤廃する授業の構想が新たな用語群の大きな特徴だからである。これら横軸と縦軸をクロスさせてできる四つの各象限に、これまで述べてきた基本的用語群をそれぞれ配置することができよう。しかも、Ⅳ〜Ⅰの順に辿ると、学習方法の発展段階が時系列的に位置づくと理解できる。

Ⅳ：これはデューイが「旧教育」と呼んだものに等しく、工業社会が求める「教科内で教師・指導者中心の『伝統的・旧来の方法』」である。

Ⅲ：教科の枠を超える教科横断的な授業が要請される「総合的学習」は、学習者が身近なテーマを見つけ、資料収集をしてクラス仲間と共同して検討する新たな授業スタイルであるが、ある程度「教師・指導者中心」にテーマ設定とその内容・方法を調整しないと、具体的に実現することは難しい。

Ⅱ：教科内でもよいから、「生徒・学習者中心」の方法に転換させようというのが「アクティブ・ラーニング」の試みである。ただし、すでに述べたように、班討議やプレゼンテーション、ロールプレイ、フィールドワークなど、生徒が活発に動くという形態を取ればよいと誤解されがちになったため、あくまでラーニングという生徒の思考過程に注目するために、「主体的・対話的で深い学び」という文言表現の方がよく使われるようになった。

Ⅰ：高校の新学習指導要領では「総合的探究」という用語が登場する。「総合的学習」のさらなる発展段階と捉えられるが、「教科横断」で「生徒・学習者中

心」がクロスする新たな学習方法の最終段階とも言うべき局面である。この局面こそ高度情報社会に相応しい人材養成のための学習方法だと考えられる。つまり、Ⅳから脱してⅢ・Ⅱを経由してⅠに至る過程の全体を包括的に受け止めると、実は「探究」の度合いを深めていく授業開発の深化そのものを示していると言えるのではないか。「探究学習」は次節で詳しく取り上げよう。

Ⅱ　探究学習
―「総合的な学習の時間」と「総合的な探究の時間」―

1　「総合的な探究の時間」の背景と「学習者中心」の視点

　さて、高等学校の新学習指導要領は 2018 年に公示されたが、その「解説編」のなかで「総合的な探究の時間編」は 150 頁を超える実に詳細な内容が展開されている (13)。その冒頭で、「総合的学習の時間」を改訂して、高等学校では名称を「総合的探究の時間」に変更し、次の目標を掲げると説明されている。

　　　「小・中学校における総合的な学習の時間の取組を基盤とした上で、各教科・科目等の特質に応じた『見方・考え方』を総合的に働かせることに加えて、自己の在り方生き方に照らし、自己のキャリア形成の方向性と関連付けながら『見方・考え方』を組み合わせて統合させ、働かせながら、自らの問いを見いだし探究する力を育成するようにした」(7 頁)。

　以上の捉え方だと、「総合的学習」の到達点は「総合的探究」となる。それに、「アクティブ・ラーニング」と「主体的・対話的で深い学び」も「総合的探究」の構成要素だと考えられ、端的に言えば、すべてが「探究」という活動に収斂されると言えるのではないだろうか。そして特に注目すべきは「自らの問いを見いだし探究する」と述べられている箇所である。自分自身の「問い」が明確に強調されており、教師や教科書が一方的に与える問いではないところに、「学習者中心」の視点が貫かれているのが「探究」にほかならない。

　また、「解説編」では、「探究」を通じた学習の姿が詳しく説明されている。それは螺旋状に進行するプロセスであり、①課題の設定、②情報の収集、③整理・分析、④まとめ・表現、の 4 局面が積み重なりながら繰り返されていくという仕組みである（12 頁）。これは学習者がおこなう活動を示すとともに（大学院生に求められるリサーチスキルの主な柱とも重なる）、教師はその活動が可能となるように、学習

環境の条件整備をどのように配慮するかについて、四つの着眼点を示したものでもある、と言える。

こうした高校での「探究学習」については、学習指導要領が改訂される以前から、実践的研究が始まっていた。例えば、大阪大学で2015年から始まった「高校教員向け探究学習指導セミナー」である。このセミナーは、ICT・AIの普及をはじめとする第四次産業革命、Society5.0と呼ばれる情報革命において、キー・コンピテンシーが要請される時代背景に基づき、探究学習を喫緊の課題として取り上げたものである。セミナーの成果が『高校教員のための探究学習入門—問いから始める7つのステップ—』としてハンディーな手引書としてまとめられている [14]。

その第1部では、探究学習が本格的に始まった歩みとして、デューイの学説に着目する（10～11頁）。つまり、「疑問」が生じる非決定の状況から、決定され統合された、または統制された状況へと方向づけられる変容が「探究」である、とのデューイの主張である [15]。この主張のうち「疑問」そして「変容」という用語に特に注目したい。「探究」とは「疑問」から始まり、その解決（決定・統合・統制）に向けた「変容」のプロセスだからである。逆に言えば、「変容」が生じない場合には「探究」はなされていないことになる。さらに言えば、教師は無意識のうちに「この課題について探求してみよう」などと生徒に声掛けしてしまうと、それも課題を与えてしまっているから、「探究」ではなくなる。

さて、その手引書では、伝統的学習観から探究学習へのパラダイム・シフトが次の3点として端的に指摘されている。それらはこれまで論じてきた議論とちょうど重なっている。

①生徒観の変化：知識受容者から知識創造者へ
②教員観の変化：知識提供者から知識媒介者・探究学習者へ
③学習観の変化：個人学習から実践を共有する共同体への変化へ（15～16頁）

2 「探究」の諸側面と教師役割の転換

ちなみに、筆者が「探究」の概念に興味を抱くようになったのは、今から30年近く前の1990年代の半ばに、たまたま世界の教師教育の先行研究を探っていたとき、「探究的方法」（inquiry-oriented approach, enquiry based method）に関する論文が、英・米の雑誌で同時期に次々と発表されていることに気づいたからである。デューイ哲学が基本的常識である英・米ならではの論調であったに違いない。それ

らの論文から、筆者は教師教育における「探究的方法」を次のようにまとめた [16]。

　「教育実習生や教師が、教育に取り組む際の認識や態度について実践を通して自ら深く省察していく方法である。……教員養成や現職教育をこれまでのような見習い訓練として捉えるのではなく、学校教育変革を探究し、変革を実際に担いうる主体として自ら成長を遂げていくことのできるような教師教育の考え方である」（初版211頁、新版315頁）。

　こうして、教師教育の文脈からでも再確認できるのは、「探究」とは既成の知識・技術を一方的に受け入れるのではなく、また単に頭のなかで思考を巡らせるのではなくて、あくまで個人が自らの「実践」あるいは「経験」のなかで抱いた問いや課題を対象化し、改革の方向に向けて多方面から深く省察していくことにほかならない。

　以上、眺めてきた「探究」の意味について、次のような諸側面を特徴とする取組みとして5点に整理することができるだろう。

　①学習者自身が抱く「問い」とその解明に取り組む動機づけ

　②実践ないし具体的活動の経験を通じた思考

　③情報メディアを駆使した資料収集

　④立ち止まって深く省察する態度

　⑤問題解決に向けて時間経過に沿ったプロセス

　これら5側面を網羅しつつ、学力向上の学習方法整備として「探究」の効果を検証する課題についてまとめておきたい。

　「学習者中心」の原理が提起されているのは、情報革命がもたらされる現代社会で求められる「深い学習」が学力向上の戦略になるからである。さらに、「学習者中心」の考え方に沿って、「教師の役割の転換」も忘れてはならない。すべての教科学習で実現することは難しいにしても、部分的に「学習者中心」と「教師の役割の転換」を実現することはできないわけではない。少しずつでも実現していかないと、現代の高度情報社会での授業改善は成功しないだろう。

3　「探究学習」と「チャットGPT」

　以上の5側面のうち、主に③と④に関わって、アメリカの新興企業オープンAIが2022年11月に公開した生成型AI「チャットGPT」が半年のうちに世界中で1億人以上に使われるようになった新たな動向に注目したい。すでにその長所と短所

が国内外で広く論議されている以上、「探究学習」が「チャットGPT」にどのように関わるかは、見落とせない論点だからである。「チャットGPT」は大規模言語モデルを使ったサービスの一つである。言語モデルを長年研究してきた岡之原大輔は次のように結論づけている。

　　　「大規模言語モデルが示す結果をそのまま信用してはいけない。……人はこの新しい知能との付き合い方をまだよくわかっていない。私たちは、こうしたシステムが人とは違う種類の知能を持っていることを理解し、うまい使い方、飼いならし方を身に付けていく必要がある」[17]。

　そこで、筆者なりに検討してみたい気持ちもあって、2023年4月に実際に「チャットGPT」で次の問いを打ち込んでみた。「総合的学習の時間と総合的探究の時間はどう違うのか」。すると、わずか4秒で以下の答が表示された。

　　「総合的学習と総合的探究は、似たような学習方法であるため、混同されることがありますが、異なる概念です。総合的学習は、複数の教科や学習内容を組み合わせた総合的な知識を身につけることを目的とした学習方法です。例えば、社会科で学んだ歴史や地理、科学で学んだ物理や化学など、様々な教科を組み合わせて学ぶことができます。
　　　一方、総合的探究は、問題解決や課題解決を目的とした、自主的な学習方法です。生徒たちは、興味や関心を持ったテーマを選び、そのテーマについて様々な情報を収集したり、実際に調査や実験を行ったりして、深い理解を深めることを目的とします。このような学習方法では、複数の教科や学習内容を自由に組み合わせて、自分なりの学びを追求することができます。
　　　総合的学習と総合的探究の違いは、目的や方法にあります。総合的学習は、複数の教科や学習内容を組み合わせた知識を身につけることを目的として、教師がカリキュラムや指導方法を提供する形で行われます。一方、総合的探究は、生徒が自己の意欲や興味に基づいて自主的に学びを進め、自己の力で問題解決や課題解決を目指す学習方法です。

　あまりの短時間に実に整ったそつのない日本語文章が表示される様子に、正直言って、これは情報世界の革命に近いという強い印象を受けた。しかし、以下のような感想も抱き、新たな生成型AIに振り回されてはいけない、という率直な感想も浮かんだ。

　①「異なる概念」というよりも、「総合的学習」の発展が「総合的探究」という捉え方もできるように考えられるから、筆者とは見解が異なる。

　②総合的学習（探究）の目的に関わり、もっと大きな学びのあり方という変動社

会全体の文脈には言及していない。

③さらにこうした学習法を提起する学習指導要領改訂という教育政策にも言及していない。

要するに、さらにさまざまな角度からチャット GPT で何度も調べ続けていく必要がある。そこで、2ヶ月後の 2023 年 6 月に再度同じ問いで打ち込んでみたところ、また別の答えが一瞬のうちに現われた。チャット GPT はいつも同じ答えとは限らず、その答えの変化にも注目する必要があることを知った。

　総合的学習と総合的探究は、教育や学習の文脈で使用される用語ですが、一般的には以下のような違いがあります。

　総合的学習（Integrated Learning）は、複数の学問分野やスキルを総合的に組み合わせた学習方法を指します。総合的学習は、学生が単一の学問領域にとどまらず、幅広い知識やスキルを獲得し、それらを組み合わせて問題を解決する能力を育成することを目的としています。例えば、数学と科学の知識を結びつけて物理学の問題を解くなど、異なる分野の知識を統合する能力が求められます。

　一方、総合的探究（Integrated Inquiry）は、調査や探求のプロセスを通じて、知識を総合的に理解し、問題解決や新たな知見の獲得を促す学習手法を指します。総合的探究は、学生が自分自身でテーマや問題を選び、情報を収集し、考察し、結論を導く過程を通じて深い学びを得ることを重視します。学生は自主的に学習の方向を決定し、自己の興味や好奇心に基づいて学びを進めます。

　要約すると、総合的学習は異なる学問領域やスキルを組み合わせて学習する方法を指し、総合的探究は主体的な調査や探求のプロセスを通じて深い学びを追求する手法を指します。

　2ヶ月の時間経過で、答えの基本的な内容はほぼ同じであるが、いくつか変化も見られる。①論旨展開が洗練され、相違性が分かりやすくなっている。②「総合的学習」と「総合的探究」の用語に英文が新たに添えられている。③「総合的探究」の説明が少し詳しくなっている。

　要するに、チャット GPT を参考にするにしても、ある時点での答えがすべてでなく、時間が経てば、その答えも変化するという性質を心得ておかないと、参考にする内容が違ってくる。

　以上述べてきたチャット GPT の答えの諸特徴を踏まえると、それら諸特徴を無視して簡便に借用するだけなら、単なる「コピーペースト」に似た使用に成り下がるだろう。言い換えれば、安易にチャット GPT に依存すれば「探究学習の敵」となるだろう。他方、基礎的情報ツールとして巧みに使いこなせば、「探究学習の味

方」になりうるだろう。従って、新しい「チャット GPT」の適切な利用法について、「探究」の観点からなお検討する余地が大きく残されている。

【引用文献】
(1) 西岡加名恵「日米におけるアクティブ・ラーニング論の成立と展開」『教育学研究』第 83 巻第 3 号、2017 年 9 月。
(2) 文科省「新しい学習指導要領の考え方」2017 年。「平成 29 年度小・中学校新教育課程説明会（中央説明会）における文科省説明資料」(mext.go.jp)（2023/8/1 最終閲覧）
(3) 白井克尚「2017 年度愛知東邦大学地域創造研究所シンポジウム—アクティブ・ラーニングの視点を問う—」『愛知東邦大学地域創造研究所所報』No.23、2018 年 3 月。
(4) デューイ, J.『経験と教育』市村尚久訳、講談社文庫、2004 年、第 1 章。
(5) Kolb, D. A., *Experimental Learning*, Prentice-Hall, 1984. 松尾睦『経験からの学習—プロフェッショナルへの成長プロセス—』同文舘出版、2006 年、など。
(6) 今津孝次郎「サービス・ラーニングと『非認知能力』の育成」『東邦学誌』第 50 巻第 2 号、2021 年 12 月。本書第 2 章参照。
(7) ライチェン, D. S. & サルガニク, R. H. 編著『キー・コンピテンシー—国際標準の学力をめざして—』立田慶裕監訳、明石書店、2006 年。
(8) 同書、第 3 章（ライチェン, D. S.「キー・コンピテンシー—人生の重要な課題に対応する—」)。
(9) McCombs, B. L. & Miller, L., *Learner-Centered Classroom Practices and Assessments*, Corwin Press, 2007, p.16.
(10) ワーム, M.『学習者中心の教育—アクティブラーニングを活かす大学授業—』関田一彦・山﨑めぐみ監訳、勁草書房、2017 年、第 1 章。
(11) ライゲルース, C. M. & カノップ, J. R.『情報時代の学校をデザインする—学習者中心の教育に変える 6 つのアイデア—』稲垣忠・他訳、北大路書房、2018 年、Ⅰ 章。
(12) ライゲリース, C. M., ビーティ, B. J. & マイヤーズ, R. D. 編『学習者中心の教育を実現するインストラクショナルデザインモデル』鈴木克明監訳、北大路書房、2020 年、6-7 頁。
(13) 文部科学省「【総合的な探究の時間編】高等学校学習指導要領（平成 30 年告示解説）」(mext.go.jp)（2023/8/1 最終閲覧）。
(14) 佐藤浩章編著『高校教員のための探究学習入門—問いから始める 7 つのステップ—』ナカニシヤ出版、2021 年。
(15) デューイ, J.『行動の論理学—探究の理論—』河村望訳、人間の科学社、2013 年、111-123 頁。
(16) 今津孝次郎『変動社会の教師教育』名古屋大学出版会、1997 年（初版）第 6 章、2017 年（新版）終章。
(17) 岡之原大輔『大規模言語モデルは新たな知能か—ChatGPT が変えた世界—』〔岩波科学ライブラリー 319〕岩波書店、2023 年、9 頁、13 頁。

第2章　アクティブ・ラーニングとしての
「サービス・ラーニング」
—「非認知能力」の習得—

今津　孝次郎

I　サービス・ラーニングを見つめ直す

1　教育学部における「サービス・ラーニング」の目的

　愛知東邦大学教育学部の特色あるアクティブ・ラーニングの取組み「サービス・ラーニング」の最初の歩みについて、筆者が直接関わった2013年度から2018年度まで計6年間の足跡に限ってまとめておきたい。6年間とは、筆者が人間学部に赴任した2013年度から、教育学部が新たに設置されてサービス・ラーニングが実験的に始まった2014年度、正式の授業科目となった2016年度、教育学部が完成年度を迎えた2017年度を経て、サービス・ラーニングが授業化されて3年目となる2018年度に至るまでの時期である。

　2014年度に教育学部が新たにスタートすると同時に「サービス・ラーニング」が始まった。そのきっかけとなったのは、新設される教育学部の教育方針の参考になればと、筆者が2013年度に半年かけて、大学のある名古屋市名東区内の各小学校を廻って「望まれる教師像」について各校長に聴き取りをおこなった際に、共通して「"座学"で教師は育たない」という呟きを耳にしたことである。もちろん、キャンパス内での"座学"は不可欠で重要であることは言うまでもない。問題は「教師は育たない」と強調された理由は何か、という点であった。それは、10年ほどの間に子どもと保護者が大きく変わってきた（家族や地域、情報など社会環境が変化した結果であるというのが正しい見方かもしれない）背景があるから、というのが校長たちの指摘する大きな理由であった。

　クラスの子どもたち一人ひとりがそれぞれ個性ある諸課題を抱えていて、その背後にいる保護者にも同様に諸課題がある。かれらとどのように対人関係をもつことができるか、それができなければ肝心の授業も不成立となる。かつて求められていた「知力」以上に大切なのは「人間力」（対人関係、耐性、探究心、向上欲、感性、倫

理観など）という用語こそ相応しい。そこで、この人間力を培うには人間全体が問われる実地経験の機会を大学入学直後から実践することがうってつけではないか、という着想が浮かび上がったのである。

各校長は「大学1年生時から学校に来てもらって、ありのままの子どもを見て、ありのままの教師の取組みを見てほしい、そこからしか教員養成は始まらない」と大学側に強い願いを抱いていることも分かった。多忙さを増す学校のさまざまな仕事に対して、若い学生たちの力をぜひ借りたいという率直な願いも込められていた。同じような要望は幼稚園や保育所、児童福祉施設からもしきりに耳にした。そこで、「学校園での経験から学ぼう！」を基本方針として、新学部の教育ポリシーにしたいという考えが固まった。ここで「学校園」とは小学校・幼稚園・保育所・児童福祉施設等を含む総称である。

もちろん、学生を受け入れる学校園にとっては「ボランティア」の方が、経費の心配も要らないので便利であろう。学校園は引き続き「学生ボランティア」と呼ぶだろうが、同じ諸活動について、私たちはその教育面に着目し、「サービス・ラーニング」と別に呼ぶことにした。2014～15年度の最初の2年間は実験的試みをおこなった結果、学校園にも学生にも好評だったので、3年目の2016年度から授業化に踏み切った。1年生ゼミ担当者を中心に組織された「サービス・ラーニング委員会」が授業方針を決めて運営に当たることになった。

ちょうど全国の教育系大学・学部で学生の「学校現場体験」の重要性が議論され始めていた時期である。ただ、大学自体に慣れていない新1年生が学外の学校現場に早速出掛けていくという取組みはまだ珍しかった。近隣の小学校が5月に開く運動会に、入学直後の1年生が出かけてお手伝いしたことが好評だったことから、名東区内を中心にして幼稚園や保育園、児童館、図書館、名東文化小劇場など、活動の場が毎年のようにさまざまな学校園に広がっていった。

教育学部としては、全国的にも銘うたれている「学校ボランティア」ではなく「プレ教育・保育実習」（以下「プレ教育実習」と略記）として、現場体験を通じての「ラーニング」として捉えたので、3年目から授業化された（「サービス・ラーニング実習Ⅰ・Ⅱ」各1単位、選択）。「プレ教育実習」であれば、「必修」が望ましいが、必修だと受身的・機械的な参加態度に流れる場合があるかもしれず、新1年生が相手先の学校等に迷惑をかける恐れも予想されたので「選択」としたが、全員に履修してほしいという願いを込めて「勧奨科目」扱いとなったものである。しかも、

「アクティブ・ラーニング」が大学教育改善の切り札のように大きな話題となっている状況下で、新 1 年生が主体となり、学外活動を展開するという時代の流れに沿った授業科目の設定であった。

　この「サービス・ラーニング」の意味や機能については、すでに詳しく報告して論じたのでこれ以上は立ち入らない [1]。本章で検討したいのは、単に学校園などの現場を体験した、子どもたちと実際に触れ合った、先生方の動きをつぶさに見聞きできた、というだけに止まるのではなくて、そうした諸経験を通してどのような「ラーニング」を実現できたかという次の課題である。

2　教員養成における「認知能力」と「非認知能力」

（1）ラーニングの内容

　「ラーニング」の内容として想定して期待しているのは、表 2-1 に示した 6 項目の体得である。これらはサービス・ラーニング委員会が公式に目標設定をしたのではなく、委員相互の討議を通じておおよそ合意されている内容を筆者なりに整理した諸事項である。以上の他にも挙げられるだろうが、とりあえずここで挙げる 6 項目は一般に「人間力」という言葉が意味する内容とほぼ重なっており、また「非認知能力 non-cognitive skills」と呼ばれる内容に相当する。これまで私たちが一般に「学力」ないし「知力」として馴染んできた「認知能力 cognitive skills」とは異なる要素である。客観的にも数量的にも明確に把握しやすい「認知能力」に対して、それ以外の諸能力はいわば残余概念として見落とされやすく、一般的な定義も完全に確定しているわけではない。

　「認知能力」だけで人間の能力を理解できないという大まかな認識だけは多くの人々に共有されており、世界的にも関心が向けられ、研究され始めている。とはいえ、論者によって「非認知能力」の意味が多様なので、本稿では「操作的定義」として、以上に挙げた 6 項目を有する資質・能力として便宜的に捉えておきたい。

　日本でかなりまとまった単行本として刊行された小塩真司らによる最新研究成果では、「非認知能力」の具体的心理特性として「誠実性」「楽観性」など 15 項目を分解して、それぞれについて心理学的研究成果を踏まえて全 15 章にわたって論じている [2]。ただ、分解する際の視点ないし基準はそれほど明確ではない。6 項目を照らし合わせると、たとえば「2 章　グリット（困難な目標への情熱と粘り強さ）」と「E 挑戦・忍耐」や、「4 章　好奇心（新たな知識や経験を探究する原動力）」と「A 探

表2-1　サービス・ラーニングを通して体得を期待できる諸能力・資質

A 探究	諸活動を通して抱くさまざまな興味関心を大事にして、その後も「探究し続ける態度」を身につける。
B 対人関係	多様な人々との出会いから「対人関係」の具体的諸方法を学ぶ。
C 自己表現	自分の感じ方や考え方を周囲の人々に理解してもらえるように、率直に「自己表現」する力を養う。
D 自己認識	自分を客観的に捉えることができ、自分中心でない視野の広い自己評価が可能となり、自分の進むべき進路を見通せるような柔軟な「自己認識」の能力を磨く。
E 挑戦・忍耐	何か失敗しても、乗り越える「挑戦力や忍耐力」を身につける。
F 社会的ルール・倫理	社会で「守るべきルール」さらに「倫理観」を体得する。

究」は重なるが、その他の項目は完全に一致しているわけではない。全15章はあくまで個人の心理特性であり、ここでの6項目はとりわけ他者との社会関係的特性に注目するという視点の違いがあるだろう。

　定義の多様性は別にして、「サービス・ラーニング」はこの「非認知能力」を育てる重要な活動として見つめ直す必要があること、さらに教職や保育職の養成にとって「非認知能力」に注目すべきではないか、という新たな問題提起が本章の狙いである。

（2）「非認知能力」への注目

　教職と「非認知能力」の関係について、筆者が問題意識を強く抱くきっかけになったのは、サービス・ラーニングの開始に関しての打ち合わせで、初めて訪問した名東区内の小学校の女性校長から以下のような事実を明かされたときであった。1年前の春に起こった深刻な出来事を突然に聞かされたわけだが、校長としては誰にも言いたくない事実であり、筆者が小学校教育界とは直接関係のない外部の大学研究者だったから、つい吐露してしまったのかもしれない。

　　「忘れもしません、5月X日に本校の新採女性教員が退職したのです。優秀で誰もが太鼓判を押す、期待の新人でした。職員室での挨拶も立派なものでした。3年生配属になったのですが、1ヶ月ほどして授業ができなくなったのです。教頭・教務主任・学年主任などと一緒に最大限のサポートをし、休暇を取っては、と促したりしたのですが、本人は頑なに辞めたいを繰り返し、結局2ヶ月もちませんでした。今から思うと、教師に不向きだったとしか言いよう

がありません。優秀だとはいえ、自分の頭ですべてを自己流に判断してしまう堅い思考癖があったように思います。代わりの先生がすぐに見つかったので助かりましたが、校長として本当に大変でした。」

　この思いがけない打ち明け話について筆者が推測したのは、素晴らしい指導案を書いても、クラスにいるさまざまな子どもとのやり取りを踏まえて授業を工夫することができず、授業が成立しなかった可能性が高いということである。この新採担任は「認知能力」に秀でていたとしても、上記の A ～ F に関わるような「非認知能力」に弱さがあったかもしれない、と感じた。なかでも子どもとの「対人関係」に硬直さがあったのではないか、と想像した。近年の小学 3 年の頃に見られやすい多様な発達状況の特徴を想起すれば、担任クラスに手のかかる荒っぽい子や授業に参加してこない子がいても珍しくない。しかし、目の前の子どもの実態から授業を創るべきであり、教師の頭のなかで創った授業計画に子どもを当てはめていくとしたら、それは教育の本末転倒になってしまう。

　一方、サービス・ラーニングの打ち合わせをした別の二つの小学校の男性校長が何気なく口にした言葉も印象的だったので、その 2 例も追加して紹介しておこう。

　うち一人は「今、求められる教師は『頭ではない、人間性だ』」と苦笑しながら呟いたのである。従来だと「教師は頭がよくないと」と頻繁に言われてきたことが、今では大きく様変わりしていることを示す呟きである。

　他の一人は筆者に向かってではなく、別の方向を向いて独り言のようにポツリと呟いた。「授業はもういい、要は子どもとどれだけ遊べるか、だ」。筆者はそれを耳にして内心で大いに驚き、大学での教育方法や教科教育学など教職課程の意味は無いのか、と思わず質問しそうになったが、むしろどういう意味なのか、ふと考え込んでしまった。その小学校からの帰途に考えているうちに、その意味はこういうことなのかもしれない、と思い至った。「授業が大事であることは今さら言うまでもない。しかしそれ以上に心を砕かないといけないのは、多様な子どもの現実である。一人ひとりの子どものことが本当に分かっているかどうか、子どもとの関係を構築できているかどうか、それを抜きにして、どれだけ素晴らしい指導案で授業に向かっても子どもには届かないだろう。子どもと遊んで、繋がりを創って、子どもを理解して、そのうえで授業を創り上げることこそ、今求められているのではないか……」このように、その校長は言いたかったのに違いない。

3 「非認知能力」の性質

　以上、小学校長の呟きの3事例を挙げた。それらの呟きが語っていることは、教師の資質・能力に関して同様のことを指摘していると言える。つまり「認知能力」に限らず「非認知能力」にどれだけ注目するか、という現代的課題にほかならない。国内でも海外でも明確な定義が未確定にもかかわらず、「非認知能力」は2010年代から世界で論じられるようになっているので、多様な使用法のなかでも共通する性質について先に整理しておこう。

　ネット上で簡単明瞭に用語解説をおこなっている溝上慎一が指摘しているように (3)、この用語が特に注目されるようになったのは、幼少期に体得される「非認知能力」が学力で代表される「認知能力」と並んで人生の成功に大きく影響する、と労働経済学者ヘックマン（2000年ノーベル経済学賞受賞者）が論じてからである。ヘックマンは次のように主張している。

　　　「人生で成功するかどうかは、認知的スキルだけでは決まらない。非認知的
　　　な要素、すなわち肉体的・精神的健康や、根気強さ、注意深さ、意欲、自信と
　　　いった社会的・情動的性質もまた欠かせない」(4)。

　つまり、表面に現われ計測が容易な知識・技能ではなく、むしろその背後にあって観察しにくいさまざまな深い人間性に注目すること、そうした人間性は幼少期に家庭で身につくという主張である。そのためだろう、今やネット上では幼児教育と「非認知能力」の育成に関する情報が飛び交っている。ただし、それらの情報に関する全体的印象として、究極の目標は「認知能力の強化」のためなのではないか、と言えないこともない。他方、ヘックマンが注目した家庭の階層格差の側面に正面から検討を加えた教育ジャーナリストのタフは「非認知能力は子供をとりまく環境の産物である」と論じ、低所得層の子どもたちは「非認知能力」が十分に育たず、そのことがひいては学力低下に結びつくと主張する (5)。こうして表層と深層それぞれに位置する二つの能力の背景にある社会格差問題に行き着き、個人レベルの特質が社会構造レベルの特質と結びつくという大きな課題に直面するが、それは別途検討すべきテーマであろう。

　さらに、生涯発達の観点に立てば、「非認知能力」の成長は何も幼少期だけでなく、青少年期や成人期にも適用できると考えられる。この点で、ヘックマンの主張にコメントを寄せた心理学者のドゥエックの指摘に同意したい。このコメントに従うなら、本章の目的は大学生の「非認知能力」育成への介入としてサービス・ラー

ニングを把握することになる。

　　「社会の未来のために幼少期の介入はきわめて重要だが、同時に、もっと年
　長の子供や思春期の子供を対象にした、集中的で心理学的な効果をもたらす介
　入もまた重要である」(6)。

　なお、「認知能力」と「非認知能力」を総合する広い概念として、近年の OECD
諸国では「キー・コンピテンシー key competencies」がよく使われるようになっ
た。「コンピテンシー」とは単なる部分的・表面的・個人的な「能力 skill」ではな
く、「周囲の要求に応えられる適格で幅広い実践的な能力」といった、集団への関
与力も含めて、深くて大きな捉え方に立つ能力のことを指す (7)。言うまでもなく
変化が激しい社会環境のなかで生き抜くために、人間に新たに求められる根源的な
広義の能力が注目されている。それは文部省から提起された「生きる力」(1996（平
成 8）年「中央教育審議会答申」）の概念内容とも通底していると言ってよい。

　いずれにしても、人間の能力は個人内に止まる伝統的な「認知能力」という狭い
捉え方ではもはや通用せず、対人関係や地域の課題解決に向けたさまざまな挑戦力
など、幅広い開かれた能力として総合的に理解しないと現代社会に対応できないと
いう世界共通の認識に至ったことは明らかである。以上のような問題意識に基づ
き、「サービス・ラーニング」に関して、改めて「アクティブ・ラーニング」さら
には「主体的・対話的で深い学び」そして「非認知能力」の観点からそれぞれ検討
していこう。

Ⅱ　アクティブ・ラーニングの視点

1　「アクティブ・ラーニング」と「主体的・対話的で深い学び」

　アメリカでの「アクティブ・ラーニング」の用法について研究した成果を紹介し
た心理学者の榎本博明は、アメリカでは 1990 年代に進学率が 50％を超え、講義を
しているだけでは授業が理解できない学生が出てきたために、指導法や学習支援体
制の検討がおこなわれるなかで広がってきたのが「アクティブ・ラーニング」だっ
たと指摘する (8)。そうだとすると、きわめて技術的色彩の濃い教育方法の開発が
「アクティブ・ラーニング」であり、その狙いは本格的な「ラーニング」に向けた
基礎ないし入門に該当する活動を意味することになる。

　その活動の目的は、第 1 に学習動機づけであり、第 2 にごく基礎的な部分的知識

の習得であり、第3に知識を習得するための諸方法（学び方）の体得であり、第4に継続的に知識習得を続けていく探究の態度形成である、と言えよう。言い換えると、「アクティブ・ラーニング」は本格的な知識の習得そのものではなく、あくまでその準備的活動に過ぎない、と解釈することができる。

　榎本はサービス・ラーニングの流行に対して、むしろ「知識伝達―知識受容型」教育の意義を重視する。彼は大学での自らの授業の場で、グループワークをふんだんに取り入れた他の授業をどう受け止めたかについて学生アンケートをおこなった結果、賛否両論の感想が返ってきたと報告している。それらの一部を抜き出す[9]。

〈否定的意見〉

・みんな勝手な思いつきを言うばかりで、議論が深まらないし、知識が身につかない。

・知識がない者同士で話し合っても勉強にならない、など。

〈肯定的意見〉

・座学だと眠くなるけど、グループワークだと寝ていられないから集中できる。

・他の人の意見も聞くことができて参考になる、など。

　こうした学生の感想や意見を踏まえて、榎本はさらに次のように論じる。「私は講義形式の授業にこだわっているが、そこで能動的・主体的な学びや深い学びを引き出すことは可能だと考える。……疑問や気づきに向けた刺激を与えること、そして自身の経験意味づける視点の獲得に向けて物語性のある知識の提示の仕方を心がけることの大切さである」[10]。

　おそらく、学習動機づけのある学生にとっては講義形式でも十分に面白く感じ、グループワークは面倒だと思う場合もあるのではないか。逆に学習動機づけのない学生にとってはグループワークが刺激的になる場合もあるだろう。そうした学生の違いにおかまいなく、一斉にアクティブ・ラーニングをおこなってもどれだけ効果的か、ということを検討すべである。むしろ「アクティブ・ラーニング」とは本格的な知識習得に向けた準備活動であると理解して、これら学生の諸感想を合わせて考えると、知識伝達的座学かアクティブ・ラーニングかという二者択一的な思考法を取ることが間違っていると気づく。両者をいかに融合させて授業を組み立てるかという構想を立てていくのが正しい発想だと言えよう。

　そこで、「アクティブ・ラーニング」は本格的な知識習得過程を強力に進行させる梃子の役割だと捉えてはどうだろうか。「アクティブ・ラーニング」だけをただ

繰り返しても「深い学び」には至らないというのが、この過程が示す意味である。

　そうすると、「主体的・対話的で深い学び」という文言表現も誤解を生みやすい。知識の習得に向けた問いかけや、基礎的な知識の事前提示や、主体的な対話のなかでの知識への気づきや、獲得した知識の確認、さらなる知識を探究するための課題の確認というように、深い学びに至る各局面にさまざまなレベルの知識が関与するにもかかわらず、「知識」の二文字が書かれていないからである。「主体的・対話的で深い学び」の文言そのままを見聞きすれば、「みんなで話し合えば学びが深まる」と歪んで受け止められても仕方がない。知識の一方的伝達や知識の詰め込みだけの授業からなんとか脱却したいという思いからなのか、「知識」という言葉をあえて避けて出来上がった不十分な文言表現だと感じられる。仮に「主体的・対話的な活動を通じて知識に接近し、知識を習得し、知識を確認し、次なる知識を探究することで学びが深まる」といった文言表現なら、誤解は少なくなるだろう。「知識」の文字を何度も記入したのは、「深い学び」にとっては知識が中核であることを強調したいからである。

　さて、本格的な知識習得に向けた準備活動として「アクティブ・ラーニング」を位置づけるのと同じように、「サービス・ラーニング」を考えてみたい。結論を先取りすれば、それは学習動機づけであり、教育実習の入門であり、さらには「探究し続ける態度」の確立、「対人関係」力、「自己認識」力などの「非認知能力」の体得であると考えられる。そして同じ「ラーニング」でも前者の場合はもっぱら「認知能力」に関する学びであるのに対して、後者の場合はもっぱら「非認知能力」に関する学びである点に相違があると考えられる。

2　社会参加と経験学習

(1) 社会参加

　サービス・ラーニングは大学キャンパスから飛び出して、地域社会の諸機関での経験を得るというアクティブ・ラーニングであり、「社会参加」に特徴がある。青年後期から成人期への移行期における発達課題にとって、共に有意義な活動であるボランティア経験と類似してはいるが、すでに概念整理をしたように、ボランティアが地域でのサービス活動に力点があるのに対して、サービス・ラーニングはサービスを通じた個人のラーニングに力点がある点で異なる [11]。

　では、「社会参加」を通じて、いかなる資質・能力を体得するだろうか。集団や

機関・施設など社会の仕組みとそのなかでの自分の役割を知ると言う「認知能力」の側面もあろうが、それ以外の「非認知能力」に関わることが大きい。冒頭で挙げた六つの項目と照らし合わすとすべてが当てはまると判断できるので、もっとも関連が深いと考えられる順に、左から右へと並べ替えると以下のようになろう。それらは「社会参加」のさまざまな局面を通じた「経験」を通して体得できる諸能力・資質と考えられる。

　F 社会的ルール・倫理―B 対人関係―C 自己表現―D 自己認識―E 挑戦・忍耐―A 探究

（2）経験学習

　さて、学校現場体験だけでなく地域諸機関での体験を含めて、「実地経験から学ぶとはいかなるプロセスなのか」――この仕組みを明らかにしないと、サービス・ラーニングの内実や大学と大学外機関との関係を的確に把握することはできない。周知のように、経験と教育の関係について初めて本格的に論じたのはデューイである。

　彼の原問題は「書物や年長者の頭のなかに組み込まれているものを習得」するだけの伝統的な「旧教育」に対して、「教えられるものが最初に構築されるに至った筋道や、あるいは間違いなく未来に起こるであろう変化」について考慮する進歩主義的な「新教育」を提起することであった。その基本的主張のなかで、「経験」は決して個人内の出来事ではなくて「経験を引き起こす源は個人の外」にあり、「個人とそのときの個人の環境を構成するものとの間に生じる取引的な業務である」と捉えられる。つまり、経験は「個人と環境との相互作用」にほかならない。そして彼は次のように論じた。

　　「伝統的な学校の環境は、机、黒板、小さな校庭があればそれで十分であると想定された。伝統的学校の教師には地域社会の自然的、歴史的、経済的、職業的などの諸条件を教育資源として活用するため、それらに親しく精通していなければならないといった要請はされなかったのである。これと反対に、教育と経験との必然的な結びつきに基づく教育のシステムは、もしこれらの原理を忠実に守るというのであれば、これら以上述べてきた事柄を、片時も忘れずに考慮に入れておかなければならない」(12)。

　この引用箇所だけでも、地域社会と結びついた諸活動が経験の源泉となって、それが教育の柱であることや、環境との相互作用としての経験が学習にとって重要で

あることが分かる。それだけに、サービス・ラーニングの発想の源流もデューイの経験論にあると言えよう。同時に彼は「実験」を重視したから、教室内の実験環境もまた、経験の源となり、それが学習として展開していくことになる。こうしたデューイの経験論以後、教育学や心理学あるいは経営学などで経験学習に関する諸研究が発表されていく⁽¹³⁾。

　そこで、そのうちよく引用されてきたコルブの経験学習論をまとめよう。経験を学習サイクルモデルとして把握したのがその特徴であり、図2-1のように定式化されるプロセスの各局面をいかに検証するのかが問題となる⁽¹⁴⁾。

> ａ 具体的な直接経験 ➔ ｂ 省察的な観察 ➔ ｃ 抽象的な概念化 ➔ ｄ 積極的な実験

図2-1　経験学習のプロセス（D. A. コルブ）

　もちろん、このモデルは本格的な経験学習研究の初期の学説であるだけに、サイクル図式が素朴すぎるとか、「ｃ 抽象的な概念化」から「ｄ 積極的な実験」への移行についてはさらに詳しい説明が必要だ、などの弱点が指摘されてきた。それでも、この単純素朴なモデルからでもいくつかの論点を指摘できる。学校園と大学との基本的関係を念頭に置きながら説明したい。

（3）省察

　単なるボランティアでは参加そのものに意義があり、その経験に関するレポートはあまり要求されないけれども、サービス・ラーニングは学習活動であるから「訪問参加ノート」や「授業参観ノート」の提出が求められる。とはいえ、経験したことの感想文を書けばそれでよいということではない。ノート記録を通じて経験をどのように対象化し、経験からさまざまな意味を抽出して、どのような一般的知見を得て、次に向けた実践的課題を立てるか、といった一連の作業こそが各人に求められる。図2-1の一連の作業局面に沿って説明する。

　①学生はともするとａレベルの内容を記述するだけに止まりがちであるが（単なる感想文）、それをｂレベルへ、さらにｃレベルへと発展させることはそれほど容易なことでない。なぜなら、客観的に観察する態度を身につけるには日頃からの観察の訓練を積む必要があるし、多くの先行文献を読みこなして幅広い省察のための基礎知識を習得することが要請されるからである。

②直接経験した具体的内容を抽象的な一般概念に昇華させる営為は学術研究の真髄であり、それは大学で指導教員の助言を受けないと困難である。逆の言い方をすれば、抽象的概念をそのまま抽象的になぞるだけで、学校現場の具体的実態と結びつけることをしなければ、大学は学校現場からあてにされないだろう。

③「c 抽象的な概念化」を用いて「d 積極的な実験」をおこなうとなれば、まさしく学術研究の本領発揮となる。つまり、ボランティアやサービス・ラーニングを通じた経験は大学外の学校園で味わうということで「学校現場中心」のように見えるにしても、経験学習は大学教育そのものであり、実は「大学中心」の考え方に貫かれるのである (15)。

④学校インターンシップは学校現場で大方の時間を過ごし、学校教育の思考や行動・価値判断の諸様式について身をもって体験するという、いわば職人の「徒弟奉公」的な方法に近づくだけに、学校現場で先ほどのような経験学習がどれだけ実現できるかどうかは心もとない。学校現場では何よりも「具体・個別」に終始しがちで、「抽象・一般」には届きにくいからである。

⑤学校現場は「a 具体的な直接経験」の毎日である。しかし、教師自身はそれらを「b 省察的な観察」レベルにまでは届かせても、「c 抽象的な概念化」レベルにまで至らせることは少ないだろう。ここで学術研究との対話が不可欠になる。

経験学習の他に、近年とみに言及される概念「リフレクション reflection」（「省察」あるいは「振り返り」）の源流はデューイにあるが、それを発展させたショーンにより「省察」の考え方が広く流布することになった。

ショーンによれば、この概念の基本は「専門的職業」が専門的職業である点に関わる。既成の知識をただ状況に一方的に当てはめて終わりなのではなくて、状況の不確実性や不安定さ、価値の葛藤に直面したときに、職業行為のなかで「省察」をおこなうわざを使うからである (16)。つまり、既成の部分的知識だけでなく、これまでの経験から得られた知見、状況判断の諸基準、今後に対する見通しなどを咄嗟に動員して総合させ、瞬間的に状況知覚し、対処法を練り上げていくような職業行為をしないと（reflection in action）、不確実性や不安定さに満ちた状況に対応できない。それを実行するのが専門的職業だからこその「省察」なのである。要するに「省察」は専門的職業人の資質・能力の中核となる態度・意欲・能力にほかならない。そうすると、近年になって取組みが増えている学校ボランティアや学校インターンシップにおいて、そうした「省察」力はどのように育つのであろうか。取組

みが増加しているわりには、この点の検討が欠落してはいないだろうか。そのことに気づかせてくれるのがサービス・ラーニングなのである。

（4）現代青少年と「非認知能力」

　以上、人間の経験と省察が時代を超えて学習にとって重要な意義を持つことを一般的に論じてきた。そうした意義が現代の青少年にとって特に大きいこと、青年前期から青年後期を経て成人期へという移行段階での発達課題として不可欠であることをさらに説明しておこう。

　現代の社会変化の大きな特徴として、超少子化・地域社会の弱体化・高学歴化などが指摘されている。それらが青少年に及ぼす影響について、次の三つの観点から述べていきたい。

　①小家族、地域社会の弱体化、便利な消費生活様式、学校での試験や上級学校への受験中心の生活のなかでは、生活力を培う機会が少なくなり、いわゆる人間力を磨くことが不足してしまう。それは「X 非認知能力」の自然な成長が弱くなっていることを物語っている。その一方では、学校が拡大し大学進学率が上昇すると共に、「Y 認知能力」の要求が強化されるから、なおさら X が成長しない。最近になって、Y 以外の X が注目され始めてはいるが、それも概して「Y の基礎としての X」という把握であり、Y が重要視されていることに変わりはない。

　②直接面接し合う人間関係でなく、間接的な人間関係であるネット世界に広がりが見えるとはいえ、青少年を取り巻く直接対面関係的な社会環境が縮小している結果、かれらの「自己認識」が弱くなっている現実を身近に感じる。家族規模の縮小、そして超少子化のもとで、多様な大人や同輩仲間との交流が乏しく、他者の多様な視線に囲まれながら自分を見定める「自己認識」のすべを知らない若者が増えてきた、と感じられる。

　③ X と Y の比較枠組みでいえば、新人教員の世界に具体的に何が生じているか。本章冒頭の三つの事例に示されるように、今では Y 以上に X が強く要請されている。わずか 2 ヶ月で辞めた小学校の優秀な新採教員の事例、「頭ではない、人間性だ」と苦笑しながら語った小学校長、「授業はもういい、要は子どもとどれだけ遊べるか、だ」と独り言のように呟いた小学校長。これらはすべて現代の教師に求められるのは、Y はもちろんであるが、それ以上に X である、と捉えられる。

　したがって、私たちはこの X にもっと注目した教育を工夫すべきである。もち

ろん履修科目平均成績 GPA も重要であるが、それだけでは有為な教員人材を輩出できない時代になっている。そこで、「サービス・ラーニング」はこの X 能力の育成に結びついていることを次に明らかにしていきたい。すると個々の学生のフォローが十分にできているかどうか、学生指導上の喫緊の課題が浮かび上がる。

Ⅲ　経験学習の諸層―2018 年度前期の総合レポートから―

1　「サービス・ラーニング実習」総合レポートに見る「経験学習」

　それでは教育学部１年生が履修した選択科目「サービス・ラーニング実習」に最終的に提出された総合レポートを対象にして、かれらが経験した内容について「非認知能力」の観点から探っていこう。資料として用いるのは、2018 年度の履修生のレポートである [17]。特にこの年度に注目する理由の第１は、授業化されてから３年目となって多様な実習先が整備されてきた時期に当たる。第２に前期に１年次学生のほとんどが参加して履修者数が多かった（73 名）。第３に履修生の関心が高くて前期に引き続き後期も履修した熱心な学生が含まれていた（37 名）からである。ここではとりわけ新鮮な経験感覚の強い前期のレポートに絞って取り上げたい。

　「サービス・ラーニング実習」各期の最後に提出する最終的な総合レポートでは、参加希望先として選んだ諸施設での活動に参加するたびに提出する「参加ノート」（実習先、活動内容と時間、児童・子どもの活動、教師・保育士の活動、気づき・感想）とは違って、記述すべき項目は細かく与えられておらず、A4 用紙一枚に自らの経験とその感想などを自由に記録する内容となっている。短い分量だけに、特に印象的だった経験に絞って簡潔に綴られている。

　先ほど引用したコルブの経験学習サイクルで言えば、「a 具体的な直接経験」に関する記述がほとんどで、「b 省察的な観察」までには至ってはいない。ただ、素朴な感想中心の文章だとしても、実習先のどの経験が学生にとって印象的だったか、その経験を通じて何を学び、自分のどんなところを見つめ直すことになり、どんな課題を感じたか、などについて少しでも掴み取ることはできる。

　そこで、そうした諸経験をできるだけ一般化して整理し、「非認知能力」とどのように関係しているのかについて考察したい。同時に、「a 具体的な直接経験」から「b 省察的な観察」へと向かう橋渡しとして、「省察」のための枠組みを抽出し

て、できるだけ「b 省察的な観察」の視点へと導くことができる次の指導ステップ
を探りたいというのがここでの狙いである。

2　さまざまな活動における経験の種類

　1 年次の前期に「サービス・ラーニング実習」をおこなった諸活動は毎年の恒例
となった諸機関でおこなわれた。小学校〈運動会〉〈土曜日スポーツ学習〉、幼稚園
〈父親参観〉〈流しそうめん大会〉、保育園〈園児との遊び〉、区児童館〈ゲーム遊
び〉、区図書館〈子どもサポーター〉、区文化小劇場〈子どもイベント〉。とりわけ、
大学入学後わずか 1 ヶ月半ほどしか経たない 5 月下旬に参加する最初のサービス・
ラーニングが小学校運動会のお手伝いなので、すべての学生が強い印象を持ったと
レポートに書いている。その印象はいくつかの局面に分けることができるが、他の
施設での活動の印象局面とも重なる。そこで、局面ごとに総合レポートから該当箇
所を引用して、個別経験の一般的な意味を検討し、さらに「非認知能力」との関係
に接近する考察を試みたい。

　もちろん、総合レポート文章には、多様な経験が未分化のまま重なっているの
で、明確に整理して論じることは難しい。そこで、特に文章表現に見る主要な意味
合いに注目して挙げていくことにしよう。

（1）施設での活動の目的・内容

　多くのレポートに共通して書かれているのは、運動会の活動は準備と本番、そし
て後片付けと三つの段階が連なって構成されていることを認識した点である。事前
のイメージでは単純に本番だけが頭に浮かんでいたのが、実際にサービス・ラーニ
ングとして参加してみると、意外にも準備段階が重要で、しかも大変な作業である
ことを知ることになる。この 3 段階構成については、たとえ事前に言われても、あ
るいは簡単な準備のメモを渡されても本当に分かるはずはなく、実際に経験してみ
て初めて身体が覚えていくように理解できる事柄である。他の施設でも、同様の 3
段階に関する経験を得ることができる。小学校と幼稚園での活動の記録から該当箇
所を引用する。

〈レポート①小学校運動会〉

　「運動会の前日準備ではかなり大変でした。白線の粉を十数袋運んだり、案内
の図面を設置したり、テントを建てたり、机や椅子の設置など息つく暇も無く動

いて、いくら時間があっても足りないように感じました。自分に割り振られた仕事以外の時間帯は競技の点数をつけていました。疲れていたけど、小学生が話しかけてくれたときは元気になりました。この運動会を通して学んだことは、裏方の仕事の大変さと、教師は子どもたちのために常に全力で仕事をしているということです。」

〈レポート②幼稚園流しそうめん大会〉

　「園児が持ちやすいように、手持ち付きのコップにめんつゆを入れている点など、子ども第一に考えて工夫されていることに気づきました。その点からすると、左利きの子どもでも竹からすくい取れるように、竹の両側に広いスペースを確保することも大切だと感じました。」

（２）施設の環境づくりと技術

　活動の連続する３段階のうち、第１～２段階を通じてさらに経験されることがある。それは活動がおこなわれる環境がさまざまに工夫されて準備されることであり、裏方の立場からはきわめて重要であることが分かる。そして、環境づくりには身体を使う技術を要することである。体得された技術は日常生活に応用できる身体的能力と言え、「認知能力」というよりも「非認知能力」に近いものと考えることもできよう。小学校と幼稚園の例を挙げる。

〈レポート③小学校運動会〉

　「運動会の前日準備では、テントなど重い用具を運んだり、校庭に白線を真っ直ぐに引いたり、思ってもみなかった仕事がありました。『一日のために何ヶ月も前から準備が始まっている』と先生はおっしゃいました。体力や気力で大変な仕事が続くのに、子どもの前では疲れている表情は見せず、笑顔で接するのがプロ根性なのだと感じたとき、自分にはまだそれが無いと痛感しました。」

〈レポート④幼稚園流しそうめん大会〉

　「幼稚園の流しそうめん大会では、園児の身の丈の２倍以上もある高さの装置で、割った長い竹にそうめんが早く流れるのですが、子どもは小さな台に乗ってそうめんを採ろうとします。先生たちも常に声かけをして一緒に楽しんでいるし、台から滑り落ちないようにお父さんや先生方が隣に付いています。父親参加の大会なので当然とはいえ、お父さん方の協力がすごいなと思いました。」

また、次の図書館での経験は、たくさんの本があって本を借り出せる施設といっ

たイメージしか持っていなかった者にとっては、認識を新たにする機会となる。馴染み深い施設でもその仕組みについて実は何も知らなかった、という衝撃に見舞われる経験である。これも図書館案内のパンフレットを見て直ぐに分かるのではなく、実際に内部を見学して初めて理解できる施設の知識と施設利用技術になる。利用技術は身体化され日常習慣化されるから、認知能力というよりも「非認知能力」に近い。この事例も「非認知能力」の習得を支える経験の重要さに気づかせてくれる。

〈レポート⑤区図書館子どもサポーター〉

　「図書館では施設の説明をしてもらい、子どもからお年寄りまで広い世代の方が利用しやすい工夫がたくさん施されていてすばらしいと思いました。初めて知ったのは、年齢別になっている自習室があることで、部屋によってルールが違っていて、利用しやすくなっていました。また、ふだん利用されない方も利用したくなるようなイベントを考えていました。」

（3）教員（学生）の役割認識・役割遂行・自己表現

　先ほど述べた「（1）施設での活動の目的・内容」と表裏一体の関係にあると考えられる重要な局面が、役割の認識や遂行、自己表現に関する諸経験である。「役割」とは個人と集団・組織・社会とを結合する仕組みである。個人にとっては「社会性」を身につける手立てとなり、集団・組織・社会にとっては個人に要請する仕事分担としての意味である。従って、「役割認識」とはこの仕事を分担する意味を感じており（「役割意識」）、仕事分担の内容を知っている（「役割認知」）ことを総合するもので、実際にその分担仕事を行うことが「役割遂行」となる。「役割遂行」をいかに具体化するかは、個人によって差異のある「役割認識」に基づいてなされるだけに、「役割遂行」の実際の姿は多様な「自己表現」を伴う。

　この「役割認識・役割遂行・自己表現」の一連の局面は、すでに述べた「社会参加」過程の基礎となるもので、「自己認識」を形成する重要な契機となる。そして無意識的な身体的行動を伴うだけに、認知能力の面とともに「非認知能力」の面からも注目していくべきである。

　小学校運動会に参加した学生のほとんどすべてが、レポート⑥のように運動会のイメージが変わったと指摘している。子どもから教師へのまなざしの転換は、役割意識の変化を物語るものである。ではその役割は何か、それがまだ掴めないからレ

ポート⑦のように「何をしてよいのか分からず」ということになる。現場での模索を通じて「やることを探す余裕が出て」きて、やっと「役割認知」から「役割遂行」へと移行していく。こうした変化は、小学校運動会だけでなく、他の施設での活動でも同様である。

〈レポート⑥小学校運動会〉

　「少学校の運動会は児童として過去に6回も経験したから、地域が違っても内容はほとんど同じだと思っていました。しかし、実際には準備内容はもちろん、多くの違いがありました。力仕事が圧倒的に多かったです。児童として参加することと、教師として参加するのとではここまで大きな差があるのかと、とても驚きました。先生たちが運動会明けの平日でとても疲れていたことを想い出しました。その疲労感を体験することができました。」

〈レポート⑦小学校運動会〉

　「運動会のお手伝いで学んだことは、指示を待つのでなく、自分からやるべきことを探して動くことです。先生から『臨機応変に動いて下さい』とは言われていたのですが、最初は何をしてよいのか分からず戸惑っていました。慣れてくるとやることを探す余裕が出てきました。」

（4）子ども・保護者とのコミュニケーション

　さまざまな施設の現場で、学生にとって思いがけない経験に向き合うことになるのが子どもや保護者とのコミュニケーションである。運動会で子どもとの接し方が分からないので、つい先生方の言動に目が向くと、いろんな接し方があることに気づくのを記したのがレポート⑧であり、駐輪場の整備の仕事で、保護者との接し方に戸惑った経験を述べたのがレポート⑨である。「対応力」の無さという自己認識を覚え、コミュニケーション力を磨くための次なる課題が浮かぶ。

〈レポート⑧小学校運動会〉

　「運動会では子どもたちの様子だけでなく、子どもたちにどのように接しているかという先生方の言動も観察した。厳しく接している先生もいれば、友達感覚のように楽しく接している先生もいた。どう接していくか、これから4年間、考えていこうと思う。」

〈レポート⑨小学校運動会〉

　「運動会では会場の駐輪場の整備を担当しました。困ったのは保護者への対応

です。優しい方や丁寧な方がいるなかで、少しだけ難しい方もいました。自分に足りないのは『対応力』だということに気づきました。もっと現場でいろんな先生方を見て研究することが必要だと思いました。」

（5）社会的ルール

　大学キャンパスから出て、社会のさまざまな現場に身を置くと、当然ながら社会的ルールと向き合うことになる。次のレポート⑩は遅刻のケースであるが、大学内での遅刻とは違った重い経験となる。「信頼される人」になるという自覚にまで至っているから、遅刻だけでなく他の社会的ルールについても配慮を払うことのできる「非認知能力」が育ちつつあると言えよう。

〈レポート⑩児童館ゲーム遊び〉

　「児童館では30分前に着いていないといけなかったのに、遅刻し、館のスタッフの方にご迷惑をかけてしまったと反省しています。どんな職に就くか以前に、信頼される人になるためには時間にシビアにならないと、と痛感しました。それでも、ゲーム遊びは順調に進み、『助かりました』と言っていただいたので嬉しかったです。」

（6）達成感・反省と挑戦

　諸活動を通じた多様な経験の種類として最後に挙げるのは、一方では次なる行動を生み出す源泉としての「達成感」と、他方では自分の言動に対する「反省」と次なる課題への「挑戦」意識である。「反省」を抱くのは、一定の「達成感」を覚えた余裕から生まれるだろうし、「反省」が明確になればおのずと「挑戦」意識も出てくる。レポート⑪は「達成感」が記録されている。

〈レポート⑪文化小劇場子どもイベント〉

　「文化小劇場の子どもイベントでは、担当の学生が斑に分かれて、一から企画を考えました。自分たちで一度やってみて、時間配分や低学年の子がやっても楽しいかどうかを工夫し、小劇場のスタッフの方と改善点を考えました。小学生の頃の子ども会で自分がやってみて楽しかったことを基にして考案したので、自分の体験が役立って嬉しかったです。プログラムが出来上がって申込受付が始まると、定員30名のところ、35名もの予約が殺到しました。夏休み中が本番なので、怪我なく安全に活動できるように務めたいです。」

　次のレポート⑫は「反省」と課題に向けてのささやかな「挑戦」意識が述べられている。

〈レポート⑫小学校運動会・他〉

　「小学校、幼稚園、児童館での活動に参加しましたが、それを通して言えることは、自主的に声かけをしたり、さまざまに行動することができなかったという反省です。この反省を活かし、今後の活動に取り組みたいです。」

Ⅳ　サービス・ラーニングの課題としての「非認知能力」の育成

1　多様な「経験」の言語表現を通した「省察」

　学生の総合レポートでは、諸機関・施設での経験が率直に綴られている。しかし、それらが「経験学習」になるためには、単に感想を記すだけでなく、経験を振り返る作業を的確に言語表現化することが必要である。それが経験の「省察 reflection」である。つまり「経験の言語表現」をする訓練を積み上げていくことが経験の省察にとって不可欠である。経験そのものを具体的に記録し、その経験が生じた状況を詳細に記述し、状況のなかでの自己を対象化して多角的に解明しつつ、状況と自己に関する新たな発見を言語化で明確にしていくことは、日常生活や大学のなかでさえ、それほど意識的に取り組まれてはいない。「経験の言語表現」は以下の三つのステップを踏むと考えることができる。

　①直接的な経験は当初「主観」の領域に止まっているから、単に「良かった」とか「衝撃を受けた」といった情感的な感想でしか表現しない。それを乗り越えて、状況と状況に関与する人物の言動を細かく描写することで自らの経験を「対象化・客観化」する。

　②描写をしながら、状況と関与する人物の諸関係の「個別」的な仕組みを分析し、「一般」化へと議論を広げ発展させていく。

　③以上の①・②を踏まえて、「具体・個別」の経験を「抽象・一般」レベルにまで高めることで、当初は「主観」の世界に属していた経験について、「客観」的に位置づけて多角的に分析して論評することができる。直接経験した具体的内容を抽象的な一般概念に昇華させることは大学の教育・研究にとっての真髄である。「学校現場体験」が盛んに推奨されているが、学校現場で経験したというだけに止まるなら、経験学習の半分しか達成されていないことになり、大

学のゼミなどで学生と教員が諸経験について互いに深く検討しないと経験学習は実現できないだろう。その検討過程で、さまざまな教育科学的な概念や視点が導入されるはずである。

こうした三つのステップを踏む省察によって、サービス・ラーニングの意義や学習はいっそう深まり、教員と保育士の養成の確かな基礎が力強く形成されるだろう。

2　「省察」を通した「非認知能力」の習得

さらに経験学習の次の段階として、経験の省察を深めていくと「非認知能力」の習得の解明に至ると考えられる。冒頭で掲げた「非認知能力」の暫定的な操作的定義Ａ～Ｅ（表2-1）を用いながら、Ⅲの「2　さまざまな活動における経験の種類」について再度考察してみよう。

（1）機関・施設での活動の目的・内容

機関・施設での活動の３段階や子どもを中心とした内容構成、裏方あるいは黒子役としての教師と保護者という認識は、活動に関する認知にほかならないが、誰かに直接教えてもらったり、本や新聞・雑誌で知ることではなく、あくまで現場での自らの経験によって得られる認識に裏づけられた「Ａ探究」として発揮されていく。

（2）機関・施設の環境づくりと技術

機関・施設の環境づくりに必要な技術は日常生活に応用できる身体的能力であり、それこそ「認知能力」というよりも「非認知能力」に近いものである。たとえば、テントを組み立てる技術は身体技法であり、学力とは別の能力であることを想起すればすぐに合点がいくはずである。

（3）教員（学生）の役割認識・役割遂行・自己表現

「非認知能力」の操作的定義Ｃ・Ｄがこの項目に当てはまる。「自己認識」や「自己表現」と表裏一体の関係にあるのが「役割認識」と捉えることができる。先に述べた「社会参加」と「非認知能力」のように、「社会参加」の成長過程で習得される「非認知能力」が役割認識であり、役割遂行が自己表現になると考えられる。

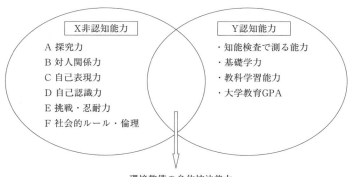

図 2-2　非認知能力と認知能力

（4）子ども・保護者とのコミュニケーション

　これも「B（多様な人々との）対人関係」に相当する「非認知能力」である。この能力はあくまで実際生活のなかで種々の対人経験を通じて習得される。いわばサービス・ラーニングの潜在的な訓練項目だと言える。

（5）社会的ルール・倫理

　遅刻の例を挙げたが、その他にも挨拶や服装、施設の決まりを守るなどに関する「F 社会的ルール・倫理」は、諸機関・施設の活動を通じた失敗経験を通じて習得される「非認知能力」の一環である。

（6）達成感・反省と挑戦

　教室での勉学でも課題ができたり、高い成績が得られたときには達成感を覚えるものだが、諸機関・施設の活動に貢献できたときに感じる達成感はそれ以上に充実した感覚を伴うはずであり、次の活動への積極的な取組みの原動力となる。逆に課題ができなかったり、大きな失敗をしたときなど、冷静に反省して克服の方策を探ることが、次の活動への挑戦となる。こうした自らの活動の結果をめぐるさまざまな感覚を客観的に捉えることは E や A にも連なる「非認知能力」として把握することができる。

　以上の考察を踏まえ、「非認知能力」と「認知能力」との関係を改めて図 2-2 に

示す。両者は明確に区別できずに重なる部分があり、「非認知能力」に近いと位置づけた「環境整備の身体技法能力」と「役割遂行能力」については重なる部位に属するものとして位置づけた。

3　サービス・ラーニングにおける「非認知能力」の習得

　最後に、教育学部におけるサービス・ラーニングが「非認知能力」の習得に果たす機能を3点にわたって要約しておきたい。

　① 教室内での座学の多くは「認知能力」育成に関わるのに対して、学外でのアクティブ・ラーニングとしてのサービス・ラーニングは「非認知能力」の習得に深く関わっている。通常のアクティブ・ラーニングも「深い学び」と表現されるように、「認知能力」の一層の強化を狙いともする。しかし、サービス・ラーニングのように、「非認知能力」の全面的育成に関わるアクティブ・ラーニングがあることは、見落とされがちである。

　② いわば「プレ教育実習」としてのサービス・ラーニングという見方を延長させて、教員・保育士養成の観点に立てば、従来から「認知能力」にこだわり過ぎて、「非認知能力」を軽視してきたと言える。冒頭で挙げた「小学校長の呟きの3事例」を再度確認するなら、現代の教員養成にとって「非認知能力」の重要性が浮上する。それだけに、「学校ボランティア」とか「学校現場体験」などという用語で単に表面的な行動を示すだけに止まっては、教員養成が求める能力、そして教師に要請される資質・能力を的確に解明することにはならないだろう。サービス・ラーニングの実践と評価は、そうした教師に要請される体験的な資質・能力の解明の限界を突破するものと位置づけてよい。

　③ 一般化すると、能力と言えば「認知能力」とだけ理解していた一般的な風潮に対して、ヘックマンが「非認知的な要素も人生の成功にとって必要である」と2000年代初めに提起してから、能力の捉え方は包括的となり、世界の能力観も広く深く発展してきている。サービス・ラーニングの意義も、そうした新しい能力論の文脈のなかで捉え直す必要があるだろう。

42

【引用文献・注】

(1) 今津孝次郎「『サービス・ラーニング』の挑戦—教員と保育士の育成に向けて—」愛知東邦大学地域創造研究所編『教員と保育士の養成における「サービス・ラーニング」の実践研究』唯学書房、2019 年、1-17 頁。

(2) 小塩真司編著『非認知能力—概念・測定と教育の可能性—』北大路書房、2021 年。

(3) 溝上慎一「(用語集)『非認知能力』」(smizok.net 2020 年 10 月 11 日掲載)。

(4) Heckman, J. J., *Giving Kids a Fair Chance: A Strategy that Works (Boston Review Books)*, MIT Press, 2013. 古草秀子訳『幼児教育の経済学』東洋経済新報社、2015 年、11 頁。

(5) Tough, P., *Helping Children Succeed*, McCormic Litetary, 2016. 高山真由美訳『私たちは子どもに何ができるのか』英治出版、2017 年、第 3 章。

(6) ヘックマン『幼児教育の経済学』(前出)、67 頁。

(7) Rychen, D. S. & Salganic, L. H. (eds.) *Key Competencies for a Successful Life and a Well-functioning Society*, Hogrefe & Huber Publishers, 2003. 立田慶裕監訳『キー・コンピテンシー—国際標準の学力をめざして—』明石書店、2006 年、第 2 章・第 3 章。立田慶裕『キー・コンピテンシーの実践—学び続ける教師のために—』明石書店、2014 年、第 2 章。

(8) 榎本博明『教育現場は困ってる—薄っぺらな大人をつくる実学志向—』平凡社新書、2020 年、46-47 頁。

(9) 同書、48-49 頁。

(10) 同書、102-103 頁。

(11) 今津孝次郎「『サービス・ラーニング』の挑戦—教員と保育士の養成に向けて—」愛知東邦大学地域創造研究所編、前掲書、4-5 頁。

(12) Dewey, J., *Experience and Education*, The Macmillan Company, 1938. 市村尚久訳『経験と教育』講談社学術文庫、2004 年、57-58 頁。

(13) Kolb, D. A., *Experimental Learning*, Prentice-Hall, 1984. 松尾睦『経験からの学習—プロフェッショナルへの成長プロセス—』同文舘出版、2006 年、など。

(14) Kolb, op. cit., pp.40-43.

(15) 今津孝次郎「教員養成における『大学中心』と『学校現場中心』—『サービス・ラーニング』と『学校インターンシップ』—」『東邦学誌』第 45 巻第 1 号、2016 年 6 月、17-27 頁。

(16) Schön, D. A., *The Reflective Practitioner: How Professionals Think in Action*, Basic Books, 1983 (Paperback ed., 1991). 柳沢昌一・三輪健二監訳『省察的実践とは何か—プロフェッショナルの行為と思考—』鳳書房、2007 年、第 2 章。

(17) 履修生のレポートは「サービス・ラーニング実習」単位取得に必須の最終提出文書であるが、その内容はサービス・ラーニング委員会で実習の改善に向けた議論の基礎資料ともなってきた。但し、レポートの内容が「経験学習」の研究のために用いられる場合もある、と履修生に事前に告げて了解を得ていたわけではない。その理由は、

最初から研究目的のもとにレポート全体を客観的に量的・質的に分析するという意図があったのではなく、本研究を進めるうちに、サービス・ラーニング実習が「経験学習」に貢献することを示す事例として、過去に提出されたレポートの一部を傍証資料として扱うに至ったという事情による。履修生の個人特定にはならず、傍証資料扱いとするという目的を伝えて、サービス・ラーニング委員会の白井克尚委員長より2018年度の最終レポートを提供していただいた。記してお礼申し上げる。

【付記】
　本章は、今津孝次郎「『サービス・ラーニング』の挑戦—教員と保育士の育成に向けて—」愛知東邦大学地域創造研究所編『教員と保育士の養成における「サービス・ラーニング」の実践的研究』唯学書房、2019年の続編である。また本章は、『東邦学誌』第50巻第2号（2021年12月）所収の今津孝次郎「サービス・ラーニングと『非認知能力』の育成」を短縮して、細部に加筆修正を施しながら再構成したものである。

第3章　総合的な学習の時間の指導法における
アクティブ・ラーニング

白井　克尚

I　はじめに

　2017・2018・2019年の学習指導要領改訂において、「総合的な学習（探究）の時間」（以下、総合的学習）は、中核的な役割を位置付けられた。教育課程全体の編成原理として挙げられた「社会に開かれた教育課程」、「教科横断的な視点」は、総合的学習の創設原理そのものであるといえる。また、学習指導要領の中でも、教育課程の編成にあたって「第5章総合的な学習の時間の第2の1に基づき定められる目標と関連を図る」というように、総則と総合的学習との深い関連が示された。さらに、今回の小学校学習指導要領では、教科ごとの目標に「見方・考え方」を掲げる構成となっているが、総合的学習の目標は、「探究的な見方・考え方を働かせ、横断的点総合的な学習を行うことを通して、より良く課題を解決し、自己の生き方を考えていくための資質・能力を次の通り育成することを目指す」とされており、この「探究的な見方・考え方」は、各教科の「何ができるようになるのか」として示された目標の資質・能力ベースの重要な構成要素となることが指摘できる。

　そして、教員養成に関わり2015年12月の中央教育審議会答申「これからの学校教育を担う教員の資質向上」を受けて、教員職員免許法・同施行規則が改正された。それに伴った、2017年教育職員免許法施行規則改定により、教職課程における「総合的な学習の時間の指導法」の科目が創設された。「大学が教職課程を編成するにあたり参考とする指針」として示された教職コアカリキュラムにおいても、新しい教育課程の再認定にあたっては、各科目のシラバスは、「総合的な学習の時間の指導法」を含む教職コアカリキュラムを反映することが求められたのである。

　このようにして、2019年4月から、新教職課程が開始されることとなったが、教員養成において「総合的な学習の時間の指導法」にいかにして取り組んでいくべきかといった実践の蓄積は十分ではない。弘前大学教育学部（2021a、2021b）は、

「総合的な学習の時間の指導法」に関わるシラバスの分析、アンケート調査、インタビュー調査等を通じて、その全国的な取り組みの傾向の一部を明らかにしている [1]。しかし、「総合的な学習の時間の指導法」では、どのような「指導の仕方」を身につけているのか、そうした教師として必要な資質・能力に関する検討は、十分ではない。教員養成における「総合的な学習の時間の指導法」の在り方について、実践を通じた具体的な検証が求められているといえよう。

　そこで、本章では、アクティブ・ラーニングの視点を取り入れた「総合的な学習の時間の指導法」の実践に取り組み、そこでは学生が、どのような内容をいかにして学び、どういった「指導の仕方」を具体的に身につけているのか、実践資料や学生のレポートなどより分析的検証を行い、教員養成における「総合的な学習の時間の指導法」の在り方について考察するための示唆を得たい。

　なお、本研究に際し、研究倫理上の問題に配慮し、以下の対策を講じた。授業中に、受講学生に感想やレポートを研究で使用する旨を口頭で伝え、同意を得たデータのみを使用し分析を行った。また、使用した学生の感想やレポートは、全て匿名で記載しており、取得したデータの分析は、当該前期授業終了後の成績評価後に行った。

II　実践の視点

1　教員養成におけるアクティブ・ラーニングの必要性

　アクティブ・ラーニングとは、教員による一方的な講義形式の教育とは異なり、学修者の能動的な学修への参加を取り入れた教授・学習法の総称であるとされている。元々、大学の教育改革が叫ばれる中で注目され、現在では、高等学校や小中学校においてもアクティブ・ラーニングを取り入れた授業実践が盛んに取り組まれている。

　アクティブ・ラーニングについて、山地（2014）は、アクティブ・ラーニングについて、活動の範囲を狭い↔広いものと、構造の自由度が低い↔高いものに分けて、分類を行っている [2]。ここから示されることは、アクティブ・ラーニングは、単一の技法にとどまらず、多様な学習活動を含むものとして捉えられるということである。したがって、アクティブ・ラーニングには、一定の型があるわけではないことが示される。

　また、「アクティブ・ラーニング」という言葉も、中央教育審議会での議論を通じて、文部科学省の用語では、「主体的・対話的で深い学び」という言葉に言い換えられた。「主体的・対話的で深い学び」とは、学修者による学習態度や学習方法、学習内容にまで踏み込み、それぞれの質が問われる包括的な考え方であるといえる。

　そうした「主体的・対話的で深い学び」としての「アクティブ・ラーニング」を、小・中・高・大学で実現するためには、様々な課題があることが指摘されている [3]。しかし、大学の教員養成において「アクティブ・ラーニング」を取り入れた授業実践に取り組むことの意義は、これから学校現場に経つ学生が、「主体的・協働的な学び」を実践できる教員として、さらに、主体的な問題発見能力や能動的な学習活動能力を体験的に習得できるといった点においても認められよう [4]。すなわち、大学の教師教育者が、授業をアクティブ・ラーニング化することにより、これから教師になろうとする学生の信念の形成や成長を支えることにもなる。それゆえに、教職課程のコアカリキュラム化は、制度的に求められているものであるが、教員養成におけるアクティブ・ラーニング化は、学校現場レベルで求められているものだといえる。

2　学生が新型コロナウイルスを教材化することの意義

　学生が新型コロナウイルスを教材化することの意義は、どのような点に認められるのだろうか。新型コロナウイルス自体、現代的な諸課題であり、解決方法を示すことが難しい課題である。

　文部科学省『小学校学習指導要領（平成29年告示）解説　総合的な学習の時間編』においては、「目標を実現するにふさわしい探究課題」の一つとして、「現代的な諸課題に対応する横断的・総合的な課題」をあげている。「国際理解、情報、環境、福祉・健康などの現代的な諸課題に対応する横断的・総合的な課題とは、社会の変化に伴って切実に意識されるようになってきた現代社会の諸課題のことである。そのいずれもが、持続可能な社会の実現に関わる課題であり、現代社会に生きる全ての人が、これらの課題を自分のこととして考え、よりよい解決に向けて行動することが望まれている。また、これらの課題については正解や答えが一つに定まっているものではなく、従来の各教科等の枠組みでは必ずしも適切に扱うことができない。すなわち、こうした課題を総合的な学習の時間の探究課題として取り上げ、そ

の解決を通して具体的な資質・能力を育成していくことには大きな意義がある。」（p.74）とされている。

したがって、このような意義からしても、新型コロナウイルスという正解や答えが一つに定まっていない現代的課題に対して、児童・生徒が、自分のこととして考え、よりよい解決に向けて行動する資質・能力を育むことは重要であると考える。このような従来の各教科等の枠組みでは必ずしも適切に扱うことができない課題であるからこそ、総合的な学習の時間における新型コロナウイルスへの探究活動を通して、よりよい解決策につながる「ゆたかな学び」を展開していくことが望まれるのである [5]。

また、新型コロナウイルスの感染拡大の影響により、学校現場では、従来と同じ教育活動を展開することが難しくなっているのも事実である。フィールドワークやグループワークには、様々な制限がつきまとう。反面、テレワークや遠隔授業の注目度が上がり、テレビ会議システムが身近な存在となっている。そして、このシステムを活用すれば、これまで関わることのできなかった人にも容易にインタビューや講話を依頼することができ、新しい教育方法を展開することも可能である。

したがって、そうした「ポスト・コロナ」[6] における授業の在り方を、学生が学習を通じて模索していくことは、これから教壇に立つ教員としての資質・能力を形成していく上でも重要な意味をもつと捉えられる。「総合的な学習の時間の指導法」においては、探究活動を指導するスキルが求められるため、「ポスト・コロナ」に向けた教材研究・カリキュラム開発・授業方法に関する経験や理解が求められるといえる。

Ⅲ　2021 年度前期「総合的な学習の時間の指導法」の実践

1　授業計画

本実践は、2021 年度前期、本学教育学部 2 年生を対象とした科目「総合的な学習の時間の指導法（小学校）」（受講生 28 名）と、人間健康学部 2 年生を対象とした科目「総合的な学習の時間の指導法（中・高）」（受講生 39 名）を対象として実施した。ここでは、2021 年度前期の授業計画（小学校）を例として説明する（表 3-1）。2021 年度前期の授業計画（中・高）も、扱った教育課程の内容や実践の事例以外は、ほぼ同様の展開であった。

表 3-1　2021 度前期「総合的な学習の時間の指導法（小学校）」の展開

回	月日	内容・テーマ	形態
1	4/9	本授業の概要：「総合的な学習の時間」の学習経験の振り返り	対面
2	4/23	教育課程における総合的学習の時間の意義：学習指導要領に定められた、総合的な学習の時間の目標の理解	対面
3	4/30	総合的学習の時間の学習内容について：各学校において定める目標および内容	対面
4	5/7	総合的な学習の時間における指導計画の作成と内容の取扱い	オンデマンド
5	5/14	総合的な学習の時間のカリキュラム・マネジメントについて：各教科との関連	オンデマンド
6	5/21	総合的な学習の時間におけるアクティブ・ラーニングについて：指導の際の留意点	オンデマンド
7	5/28	総合的な学習の時間における評価について：教科を超えて必要となる資質・能力	オンデマンド
8	6/4	小学校における総合的な学習の時間の実践事例（横断的・総合的な課題（現代的な諸課題））の検討①	オンデマンド
9	6/11	小学校における総合的な学習の時間の実践事例（横断的・総合的な課題（現代的な諸課題））の検討②	オンデマンド
10	6/18	小学校における総合的な学習の時間の実践事例（児童の興味・関心に基づく課題）の検討③	オンデマンド
11	6/25	小学校における総合的な学習の時間の実践事例（地域や学校の特色に応じた課題）の検討④	オンデマンド
12	7/2	探究のプロセスの体験①　―テーマの設定、情報の収集―	オンデマンド
13	7/9	探究のプロセスの体験②　―情報の整理・分析、まとめ・表現―	オンデマンド
14	7/23	探究学習の発表と成果物に対する感想交流①（授業資料：学籍番号奇数）	オンデマンド
15	7/30	探究学習の発表と成果物に対する感想交流②（授業資料：学籍番号偶数）	オンデマンド
		最終レポート：これまでの学習を踏まえ、現代的課題としての『新型コロナウイルス』に関する探究のプロセスを組み込んだ、総合的な学習の時間（小学校）の単元計画を作成する	オンデマンド

　2021 年度前期の授業の展開は、新型コロナウイルスの感染拡大もあり、初回 3 回のみ対面授業で実施した後、残りの 12 回は、オンデマンドで行った。14・15 回目に、模擬授業の代替として、探究学習の発表と成果物に対する感想交流を行った。

　表 3-1 の授業の展開の中でも、アクティブ・ラーニングの実施授業に着目したい。そこで、本稿では、「新型コロナウイルス」の教材化を行った第 12 〜 15 回目の「探究のプロセスの体験①②」「探究学習の発表と成果物に関する感想交流①②」、最終レポート「これまでの学習を踏まえ、現代的課題としての『新型コロナウイルス』に関する探究のプロセスを組み込んだ、総合的な学習の時間（小学校）の単元

①テーマの設定	②情報の収集	③情報の整理・分析	④まとめ・表現
ここは本当は、時間がかかる。今回は、大テーマを示し、具体的なテーマは、個人で決める。	インタビュー、アンケート、インターネット、文献調査等多様な方法がある。	集められたデータを取捨選択、編集、加工し、表現へもっていく。	多様な表現方法がある。今回は、スライド作成とする。

図 3-1　探究のプロセスの体験について

計画を作成する」を中心に、授業の実際について述べていきたい。

　なお、本実践の成果は、複数学部をまたがって「総合的な学習の時間の指導法」の授業を受け持ち、受講者も少人数であったため現れた限定的な成果であることを予め断っておきたい。

2　学生による新型コロナウイルスに関する教材研究

　授業の 12 回目に、探究学習の体験を行うことを予告した。大テーマとして「新型コロナウイルス禍における○○○の在り方」を示し、各自が個人テーマを設定することを伝え、情報の収集を行った。なお、情報の収集を行う際には、①児童は、どんな体験をしたのか。②専門家は、どんな意見を持っているのか。これらのリサーチの観点について調べると良いといった助言を行った（図 3-1）。

（1）「総合的な学習の時間の指導法（小学校）」

　「総合的な学習の時間の指導法（小学校）」の授業において、学生が選んだテーマは、以下の通りである。

・飲食の在り方	・人とのコミュニケーションについて
・小学校の学校生活の変化	・生活環境の変化の在り方
・義務教育中の学習の在り方	・教育の在り方
・生活の在り方	・おうち時間の在り方
・学校行事の在り方	・小学生の暮らし〜夏休み編〜
・教育格差	・修学旅行の在り方
・変わる生活様式	・スポーツ観戦の在り方
・小学校・児童の変化	・学校での感染拡大防止
・小学校教育の在り方	・生活習慣の乱れ 子どもへの影響は？
・ワクチン接種について	・変化した学校生活
・人権問題について	・授業の在り方
・学食ルールと飲食店の工夫	・学校給食と児童の在り方

　このように小学校の授業では、小学生の生活や学校教育の在り方など、学生が自分に関心のあることについて、探究学習を行った様子がわかる。とりわけ、大学生としての自分に関わりのあることをテーマとして設定した学生がいたのも特徴的であった。

（２）「総合的な学習の時間の指導法（中・高）」

　中・高の教職課程履修学生にも、同様の流れで、個人テーマの設定を投げかけた。学生が選んだテーマは、以下の通りである。

・行動の在り方　with コロナ	・友だちの在り方
・授業の在り方	・遊び方
・部活動の在り方	・おうち時間の在り方
・音楽の在り方　with コロナ	・大学生活の変化
・オリンピックの在り方	・大学の在り方
・生活の在り方	・飲食店の在り方
・医療の様々な変化	・自分の在り方
・スポーツの在り方	・ワクチン接種の在り方
・認知症高齢者のケア	・一人暮らしの在り方
・格闘技の在り方	・人々の気持ちの変化
・授業の在り方	・私生活の在り方
・中高生の学校生活	・酒類を提供する飲食店の在り方
・観光業界	・精神障害について
・教育の在り方	・学校教育の在り方
・地域行事の在り方	・スポーツがもたらすものは何か

　このように中・高等学校の授業では、オリンピックやスポーツ、医療、認知症高齢者のケアの在り方など、学生が自分の専門に近いことについて、探究学習を行った様子が分かる。とりわけ、時事的な事項として、飲食店の問題、友だちの在り方、一人暮らしの在り方など、大学生活において切実な課題となっていることを取り上げる学生もいた。

　これらのテーマに基づいて、学生は、各自で探究学習を進めた。③情報の整理・分析では、各自、10～20枚程度のスライドを作成するように指示した。スライドでは、何らかの提言を含んでいることを課題としたために、学生は、それぞれ新型コロナウイルスに関する自分の考えをまとめた。④まとめ・表現では、スライドに基づいて感想交流を行った。

　本稿では、紙幅の都合上、探究学習の制作物については詳述しないが、それぞれ

が興味深いテーマに基づいて完成度の高いスライドを作成した。そうした制作物からも、学生たちがアクティブ・ラーニングの視点から意欲的に学習を進めた様子がうかがえた。また、感想交流においては、お互いの制作物の良いところを中心に意見交換を行う様子も現れた。

3　学生による新型コロナウイルスへの探究学習を組み込んだ単元計画の作成

　最終レポートでは、新型コロナウイルスへの探究学習を組み込んだ単元計画を、資料 (7) を参考にして作成した。以下、学生が作成した新型コロナウイルスへの探究学習を組み込んだ単元計画を紹介する。作成者は、個人情報に配慮し、無記名とする。また、紙幅の都合上、①小学校、②中学校、③高等学校におけるそれぞれ代表的な単元計画を一例ずつ取り上げる。

（1）総合的な学習の時間の単元計画（小学校）

　探究課題「新型コロナウイルス禍における過ごし方」

1.　単元名

　小学校　第6学年

　「コロナ禍での生活を楽しく安全に過ごそう」（50時間）

2.　単元の目標

　子どもたちが、新型コロナウイルスへの理解を深めるとともに、おうち時間やマスク生活をより安全に、楽しく過ごすことができるような工夫を凝らす力を獲得することを目指す。

3.　単元で育成を目指す資質・能力

知識及び技能	思考力、判断力、表現力等	学びに向かう力、人間性等
・コロナウイルスの怖さや正しい知識を理解する。 ・感染者数のグラフやおうち時間の過ごし方アンケートなどから情報を読み取る。	・コロナウイルスに対する自己の意識を持つとともに、自分ならおうち時間をどのように過ごすのか考えを確立する。	・現代の状況に興味をもち、生活を安全に楽しくしようとする。

4.　指導と評価の計画

過程	主な学習活動	付けたい力
課題の設定	・過程としては、コロナウイルスの話題に触れ、各々が気になったことについて情報を収集し、オリジナルのおうち時間を安全に楽しく過ごすアイデアを考え、発表するという流れ。 ・児童一人一人がコロナに対する意識を深める。	・意欲、関心 ・既習事項を用いて、自分の力で学びに向かい、自分にしかできない、創造できないアイデアを創り上げる。

情報の収集	・コロナウイルスについて調べる。 　感染者数、感染している地域 　どのような恐ろしさがあるのか 　おうち時間はどのように過ごせばよいか 　など ・感染者数推移のグラフやおうち時間アンケートの結果を用意する。 ・具体的な図やグラフをコピーまたは印刷し、気付いたことをまとめておく。	様々な情報を集め、吟味する、そこから大事なことを感じ取る。 グラフの推移などから増減を読み取り、その原因までも見解が行き届くようになる。 他者との意見交流の中で様々な見方・考え方を獲得する。
整理・分析	・調べたことからわかることや感じたことを他者と話し合う。 ・原因や改善方法などの見通しを立てる。 ・未来予想やグラフやアンケートの続きを考える。	他者との交流からお互いの見方・考え方を深め合い、新たな見解を獲得する。 知るだけではなく、それに対する解決策や今のままでは将来どうなってしまうのかなど深い学びを展開する。
まとめ・表現	まとめの活動として二つの議題を用意している。 １．現在のコロナが終息に向かうためには我々はどのような心掛けや行動をしなければならないのかグループごとに学びを深め発表する。 ２．おうち時間が増加したため、家でもできる安全で楽しい活動を考え他者に共有する活動。 これらどちらかまたは両者を通して単元の目標達成を目指し、まとめとする。	単元の目標を達成する。 自分のこととして問題を捉え、意欲的に学びに向かう。 友達や家族、自分自身を守り、育てるためにできる工夫を考え、日々の生活に豊かさをもたらす。

（２）総合的な学習の時間の単元計画（中学校）

探究課題「新型コロナウイルス禍における地域行事の在り方」

1. 単元名

中学校　第２学年

「地域行事の再開に携わろう」（25時間）

2. 単元の目標

　新型コロナウイルスにより、昨年中止になった地域行事の再開に向けて具体的な案やコロナ対策について考える。イベント開催が難しい状況下で、開催に向けて地域貢献への強い意欲と態度を養う。

3. 単元の評価規準

	知識及び技能	思考力、判断力、表現力等	学びに向かう力、人間性等
評価規準	①地域行事の現状と問題点を把握する。 ②新型コロナウイルスについて調べ、適切な対策法を把握する。	①コロナ禍における地域行事について考え、自分と他者の意見を比較する。 ②他の生徒と協力して調査したり、地域の人の意見を聞いたりして、原因や根拠を見つける。	①コロナ禍において、自分のできることを考える。 ②地域行事再開の為に、提言やリーフレットにまとめている。

4. 指導と評価の計画

段階	時数	学習活動	評価規準及び主な評価方法	関連教科
課題の設定	4	単元の目標と学習の流れの理解 ・単元ガイダンスのねらいと見通しを持つ。 ・地域の人か市役所の職員を招き、地域行事についての講話を聞く。 課題の設定 ・情報を整理、分析し地域行事で取り組む個人課題を考え、学習方法を検討する。	・適切な課題設定 ・方向性の理解	社会科
情報の収集	8	情報の収集 ・コロナ禍でのイベント開催のガイドラインを確認する。 ・コロナ対策について考え、講話や調査で情報を収集する。 ・従来の規模や参加人数など地域行事についての情報を収集する。 ・地域の人々にコロナ禍での地域行事再開についての調査をする。	・調査による行動 ・適切な情報収集 ・制作過程の観察	保健
整理・分析	8	整理・分析 ・研究班で収集した情報を整理、分析する。 ・地域の人の意見をまとめる。 ・グラフを用いた調査データの分析を経て、自分の生き方を見直し、自分の力が発揮できそうな課題を発見する。 ・調査データとインタビューや体験で得た実感との比較。	・調査データ ・インタビュー ・調査メモや感想 ・適切な課題発見 ・関係者コメント	社会科
まとめ・表現	5	まとめ・表現 ・従来の規模やコロナ禍におけるイベント開催についての調査結果を考察し、話し合い、中間報告をする。 ・報告された内容を話し合い、プレゼンテーションで共有する。 ・他学年生徒や地域住民に分かりやすく伝える提案をする。	・根拠に基づき論理的に説明する発表 ・自分の考えを分かりやすく説明できるプレゼン力を身につける ・協調的な態度の観察 ・報告の過程 ・レポート、感想	国語「根拠を明確にして意見を書こう」「話し合って考えを深めよう」「パネルディスカッションをしよう」

（3）総合的な探究の時間の単元計画（高等学校）

探究課題「新型コロナウイルス禍における医療の様々な変化」

1. 単元名

高等学校　第3学年

「コロナウイルスにより変わった医療とは」（12時間）

2. 単元の目標

日本の医療がコロナウイルスの影響によりどう変化したのかを知る。

他国の医療体制と日本の医療体制を比べ課題を見つける。

コロナウイルス感染を抑えるために自分たちができる課題を見つける。

3. 単元の評価規準

	知識及び技能	思考力、判断力、表現力等	学びに向かう力、人間性等
評価規準	①コロナウイルスにより医療状況がどのようになったのかを知る。②他国の医療体制と日本の医療体制を比べ、違いを知る。	①日本の医療体制と他国の医療体制を比較し、どのような課題があるのかを考えることができている。②他の生徒と協力をして調査を行い、正しいサイトや、ニュースの記事などを使い根拠を示せている。③コロナ感染予防として自分たちが行える課題を考えることができている。	①他の生徒と協力して調査した内容をレポート用紙、プレゼン用紙、PowerPointなどにまとめている。②調べた結果から、課題を見つけることができている。また、その課題を解決するために自分たちが何ができるか考えることができている。

4. 指導と評価の計画

段階	時数	学習活動	評価規準及び主な評価方法	関連教科
課題の設定	2	課題設定・情報を分析、整理し、グループで分担をする。・思考ツールを使用しようする。自分の考えを他の生徒に伝え、他の生徒と意見を共有する。学習の目標の理解・生徒に単元に関連した動画を見せ、学習する内容を理解してもらう。	動作物による評価・ワークシート・制作過程の観察・思考ツールシート	
情報の収集	5	情報の収集・コロナ禍の日本の医療体制はどうなっているのか、日本の医療の課題はどうなのか、情報を収集するために、インターネット・本を使用する。・インターネットを使用するときは、情報元が信用できるものかを確認する。・本を使用する場合は、学校の図書室を利用する。	観察による評価・調査による行動動作物による評価・ワークシート・制作過程の観察	高等学校保健の手引「生きる力」を育む
整理・分析	3	整理、分析・資料を基に、他国の医療体制と日本の医療体制を比較する。・自分が今、できる課題を見つける。・班で収集した情報を整理・分析する。・プレゼン用紙やPowerPointに班で調査したことを見やすいように工夫してまとめる（動画や図、データなどを用いる）。・調べた内容をまとめながら、課題を発見する。	ポートフォリオによる評価・画像や動画・調査データ	高等学校保健の手引「生きる力」を育む
まとめ・表現	2	まとめ・プレゼン用紙やPowerPointにまとめた内容を分担して、発表する。・発表した班に対して、聞いている生徒たちは質問する。・生徒全員で発表し合った内容から課題を見つける。	パフォーマンス評価・根拠に基づいて発表されているか。・自分の考えを分かりやすく発表できているか。討論する過程・協調的な態度の観察・ワークシート・学習記録	現代文「学術研究」レポートの書き方

　これらの学生の作成した単元計画からは、以下の学習成果が示される。小学校の場合、総合的な学習の時間において、付けたい力を明確にすることの大切さを学んだことの成果が現れていることが分かる。中・高の場合、総合的な学習の時間において、探究の過程における評価規準や主な評価方法、関連教科を意識することの大切さを学んだことの成果が現れていることが分かる。

　また、これらの単元計画は、学習内容が抽象的な部分も多く、指導と評価の検討が不十分である。しかし、学生なりに、現在進行中の新型コロナウイルスを現代的課題として捉え、そうした現代的課題を扱う総合的な学習の時間の年間指導計画を作成することの意義について考えた様子もうかがえる。

　したがって、新型コロナウイルスへの探究学習を組み込んだ単元計画の作成を通して、学生は、現代的課題を扱う総合的な学習の時間の年間指導計画を作成する際に求められるカリキュラム・デザインの基礎的な方法を理解したということを指摘できる。

4　学生の振り返りより

　以下、学生による全授業の振り返りの中から、新型コロナウイルスへの探究学習の様子や、新型コロナウイルスに関する探究のプロセスを組み込んだ単元計画の作成の意義についての考察が表れているものを取り上げ紹介する。振り返りは、個人情報に配慮し、無記名とする。また、紙幅の都合上、「総合的な学習の時間の指導法（小学校）」「総合的な学習の時間の指導法（中・高）」の授業におけるそれぞれ代表的な振り返りを三例ずつ取り上げる。

（1）「総合的な学習の時間の指導法（小学校）」

> 　今回のように授業計画を考えたことで、総合的な学習の時間がより楽しみになった。今回の計画案のような児童自身で、調べたい内容を決め、本、インターネット、実際にインタビューするなどのあらゆる手段で情報を集め、まとめて発表することも大切であると改めて感じた。児童主体で、積極的に学べ、考え、同時に楽しめることのできる総合的な学習の時間の計画を教師になったら目指したい。また、授業内で何回か出た横断的な学習という言葉が印象的である。他の教科で学んだことや今後学ぶようなことも積極的に取り入れ、あらゆることを駆使した総合的な学習の時間にしたいと思う。

　私はこの総合的な学習の時間の指導法の授業が毎回楽しみでした。その理由は大きく二つです。
　一つ目は対面時に行われていたゲームです。楽しかったという理由もありますが、一番は実際に現場で行われている活動を仲間たちとともに体で感じる過程で指導法や工夫点を確かに感じることができ、自分の変化や学びが形となっていたためです。
　二つ目は最後に単元学習を考えるまでの流れです。これまで様々な先輩の先生方の実践例を見ながら総合の学習において何が大切なのか、どこに焦点を当てるべきなのか、目標やねらいをもって幅広い教師の魅力を示しながら授業展開をすべきことを学び、回を増すごとに自分の未熟さを感じながら、もっと学んで力をつけてやろうという意欲につながることを感じました。総合という自由な科目は本当に教師の真の価値が見えるというか一番教師の力量と子どもの姿がかかわっている気がしたので、いつかわたしは総合が得意科目と言えたりしてしまう魅力あふれる教師になりたいです。ありがとうございました。

　総合的な学習の時間の指導法に関して、この講義では初め対面形式で総合とは何か、探究とは何かなどを学び総合という授業の基礎的な知識をつけていきました。授業時間の後半には、総合の授業や様々な場面で使えるレクリエーションを皆んなで取り組み、活動に触れると共に、それを行うことで友達一人一人の輪が深まりました。大学生が楽しい事は小学生が行ってももっと楽しく取り組めると思うので、様々なレクリエーションや交流のヒントを自分に取り入れたいと感じました。
　また、総合の授業で重要なのは子どもが探究したいと感じるテーマ設定をどれだけ教育者が子どもに提供できるかであると感じました。これは総合は特にやらされて行う教科でなく、自ら主体的に学ぶ事ができる教科にしていく必要があるという事が重要だと言う事、そして、他の教科では学べない、時には他の教科との連携を生かした内容を学習する事も求められる事を学習しました。それらの事を意識し総合の指導を行いたいです。
　最後には新型コロナ禍における○○という発表制作を行いました、小学生の子どもにとってタイムリーな内容でなおかつ、自分で調べ、発表するといった様々な能力を養う事ができるこの授業は子どもにとって欠かせないものであり総合の力を養うのに非常に良い内容だと感じました。
　今学期はオンライン授業で総合の学習をしていきましたが様々な事が学ぶ事ができました、ここで学んだ事を教職に生かしていきたいです。ありがとうございました。

（2）「総合的な学習の時間の指導法（中・高）」

　総合的な学習の時間の指導法の授業を通して学んだこと、考えたことは、自分が小学校時代などに、総合の授業を受けていた際とは、授業の捉え方が変わり、こんなにも授業を考える事が大変だった事を知る事ができた。また、自分は教師を目指しているので、授業で学んだ事を糧に今後の人生に大いに活かしていきたいと思った。また、

総合的な学習の時間で行う、地域の人とのつながりを、改めて大切な時間であったと実感した。また、1つのテーマに対して、生徒それぞれの意見を出し合い、その課題と向き合っている姿を見て、1人で考えさせる時間の大切さや、情報交換の大切さを知り、自分が教師になり、指導する際には、この授業で学んだことを全て活かします。とてもわかりやすく、学びたいと心の底から思えるご指導ありがとうございました。

　総合的な学習の時間の指導法の授業を通して、総合という授業の大切さについて学ぶことができた。総合では数学や国語などの授業では身に付けることができない知識や技能を身に付けることができるということを学んだ。また、総合という授業は地域の特色により全く異なるということを知った。ある地域では農業が盛んなため、農業に関わる授業が行われ、ある地域では自然が多く、川で生物調査を行う学校もある。私は、将来教師になりたいと考えている。教師になった際は様々な地域の学校に行き、それぞれの地域の特色に応じた総合の授業を体で感じたいと思う。

　総合的な学習の時間というのは国語や数学といった専門的な教科ではない為、テーマの設定や単元の作成では幅広い視野を持って取り組むことが重要だと思った。また、総合的な学習の時間で学ぶ内容は将来に直接的に関わるものが多くりあり、また、将来の夢を見つけるきっかけにもなる教科というのを学んだ。この教科は地域の協力なくしては、成立することが難しいため、地域貢献の意味で総合的な学習の時間で考えたことを地域に還元できるようなシステムを作ることが出来れば、地域と学校とのより良い協力体制が作れるのではと考えた。

　これらの感想記述からは、学生なりに、現代的課題としての新型コロナウイルスを扱う総合的な学習の時間の意義を理解した様子が示される。小学校の場合、児童の興味関心を捉えて総合的な学習の時間の教材研究を行っていくことの大切さについて考えるきっかけとなったことが分かる。中・高の場合、教師の専門性に合わせて総合的な学習の時間の教材研究を行うことの面白さについて考えたことが分かる。

　したがって、新型コロナウイルスへの探究学習や、新型コロナウイルスに関する探究のプロセスを組み込んだ単元計画の作成を通じて、学生は、総合的な学習の時間を指導する際に求められる教材研究の基礎的な姿勢を身に付けたことを指摘できる。また、アクティブ・ラーニングとして、新型コロナウイルスの教材化による学習活動や感想交流などを取り入れたことが、学生の総合的な学習の時間の意義への理解を深めることにつながったことも指摘できる。

IV　おわりに

　本章の目的は、大学の教員養成課程におけるアクティブ・ラーニングを取り入れた「総合的な学習の時間の指導法」に関する実践開発と検証を、現代的課題となっている新型コロナウイルスへの探究学習や教材化を通して試みるものであった。本研究の成果として以下の二点があげられる。

　第一に、新型コロナウイルスへの探究学習や、新型コロナウイルスに関する探究のプロセスを組み込んだ単元計画の作成を通じて、学生は、総合的な学習の時間を指導する際に求められる教材研究の基礎的な姿勢を身に付けたことである。小学校の場合、児童の興味関心を捉えて教材研究を行っていくことの大切さについて考えるきっかけとなったことが、学生の感想記述から示された。中・高の場合、教師の専門性に合わせて教材研究を行うことの面白さについて考えるきっかけとなったことが、学生の感想記述から示された。

　第二に、新型コロナウイルスへの探究学習や、新型コロナウイルスに関する探究のプロセスを組み込んだ単元計画を作成したことにより、学生は、現代的課題を扱う総合的な学習の時間の年間指導計画を作成する際に求められるカリキュラム・デザインの基礎的な方法について理解したことである。小学校の場合、付けたい力を明確にすることの大切さを学んだことが成果としての単元計画からも示された。中・高の場合、探究の過程における評価規準や主な評価方法、関連教科を意識することの大切さを学んだことが成果としての単元計画からも示された。

　なお、本実践では、本学における少人数の授業を対象としたため、アクティブ・ラーニングを取り入れた授業が、受講生が大人数の場合に可能であるのかについての検証や、対面授業やオンデマンド授業の効果についての分析は不十分であった。こうした点は、今後の課題である。

　最後に、新型コロナウイルスは、依然進行中であり、大学教育や授業の在り方を変化させ続けている。そして、新型コロナウイルスへの対応が、これから教師になる学生にとって切実な課題となりうる。このような正解の無い課題を「現代的な諸課題」として扱う「総合的な学習の時間」を指導する教師にとって、どのような資質や能力が必要となるのか。今後も継続して研究を進めていく必要がある。

【付記】

　本章は、『東邦学誌』第 50 巻第 2 号（2021 年 12 月）所収の白井克尚「アクティブ・ラーニングを取り入れた『総合的な学習の時間の指導法』に関する実践研究—新型コロナウイルスの教材化を通して—」に加筆修正を行い再構成したものである。

【注】

(1) 国立大学法人弘前大学教育学部「アクティブラーニングの実施状況をふまえた『総合的な学習の時間の指導法』の開発」（令和 2 年度 文部科学省「教員養成・採用・研修の一体的改革推進事業」委託事業）第 1 分冊「『総合的な学習の時間の指導法』におけるアクティブラーニング実施状況報告書」2021 年 a。第 2 分冊「『総合的な学習の時間の指導法』におけるアクティブラーニングハンドブック」2021 年 b。

(2) 山地弘起「アクティブラーニングとはなにか」私立大学情報教育協会『大学教育と情報』2014 年度 No.1、2-7 頁。

(3) 白井克尚「アクティブ・ラーニングの視点を問う—小・中・高・大学で『主体的・対話的で深い学び』を育むために—」『愛知東邦大学地域創造研究所所報』No.23、2018 年 3 月、4-5 頁。

(4) 愛知教育大学教職キャリアセンター「アクティブ・ラーニングを導入した新たな学習指導方法の開発〔平成 28 年度プロジェクト報告書〕」「アクティブ・ラーニングを導入した新たな学習指導方法の開発〔平成 29 年度プロジェクト報告書〕」（文部科学省機能強化経費「主体的・協働的な学び」を実践できる教員の養成）においては、アクティブ・ラーニング等を取り入れた授業を、教員養成の学士課程・大学院課程とともに全開講授業の 6 割以上で導入した成果について報告している。

(5) こうした新型コロナウイルス教材化の視点は、以下の論文から着想を得た。川口広美・大坂遊・金鍾成・高松尚平・村田一朗・行壽浩司・佐藤甲斐「教師はどのように COVID-19 を授業化するか—社会科と保健体育科の 2 人の教師を事例として—」広島大学大学院人間科学研究科附属教育実践総合センター『学校教育実践学研究』第 27 巻、2021 年、49-56 頁。しかし、この論文は、研究対象が社会科や保健体育科を事例としたものであり、総合的な学習の時間については述べられていない。

(6) このような文脈から、新たな学校教育や授業の在り方を提案する図書も出版されている。例えば、広島大学教育ヴィジョン研究センター（EVRI）草原和博・吉田成章編著『ポスト・コロナの学校教育—教育者の応答と未来デザイン』渓水社、2020 年。広島大学教育ヴィジョン研究センター（EVRI）草原和博・吉田成章編著『「コロナ」から学校教育をリデザインする—公教育としての学校を捉える視点—』渓水社、2021 年等を参照。

(7) 田村学編著『平成 29 年度版 小学校新学習指導要領の展開 総合的な学習編』明治図書、2017 年。田村学編著『平成 29 年度版 中学校新学習指導要領の展開 総合的な学習編』明治図書、2017 年。

第4章　小学校国語科教育法における
アクティブ・ラーニング

山本　かほる

I　はじめに

1　小学校の現場から見たアクティブ・ラーニング

　2010年代半ば、次期学習指導要領の内容がどうなるのか学校現場での関心が高まっていた中、2015年8月に中央教育審議会が公表した「教育課程企画部会　論点整理」において、「社会に開かれた教育課程」「カリキュラム・マネジメント」等とともに「アクティブ・ラーニング」という文言が取り上げられ、その意義について示された。筆者がいた小学校の現場では、これを受けて「どうも大学教育改革についての論議の中で出てきた言葉 [1] らしいけれど、小学校ではずっと以前から、子どもが興味関心をもって主体的に取り組める課題や活動を工夫してきたのに」という、自負と困惑が入り交じった意見が聞かれたことを思い出す。

　しかしこの「アクティブ・ラーニング」という用語のインパクトが大きかったのか、「AL」という略語が生まれたり塾の広告で取り上げられたりするようになったばかりか、保護者から「アクティブ・ラーニングはどこで習えますか？」と質問されるに至り、さすがに本来の意味からずれて捉えられているのでは、という危惧を抱くようにもなった。そんな中、この論点整理の中の「課題の発見・解決に向けた主体的・協働的な学び（いわゆる「アクティブ・ラーニング」）」という記述から、この時点で学校現場や各教科研究会では「アクティブ・ラーニング＝主体的・協働的な学び」と捉え、研究理論の構築など、次期学習指導要領への備えを始めたのである。「協働的な学び」については、当時の教科調査官の「グローバル化が進み、価値観がますます多様化して予測不能なこれからの社会においては、一人の知恵ではなく、協働することでより良い解決策を見出すことが重要」という説明が印象に残っている。

　そして迎えた2017年2月の学習指導要領改訂案発表。しかしそこにあったのは

「アクティブ・ラーニング」でも「主体的・協働的な学び」でもなく、「主体的・対話的で深い学び」という文言だった。「アクティブ・ラーニング」が消えたのは定義が曖昧な外来語は法令に適さないから、とされるが、その曖昧さ故に前述のように用語だけが一人歩きし、現場に混乱をもたらした面もあったのではないだろうか。

　一方「対話的な学び」という文言は「論点整理」でも既に取り上げられていた[2]ことから、「協働的な学び」が「対話的な学び」に置き換わったとの単純な解釈は当たらない。「協働」の方法は「対話」以外にもあるはずなのに、なぜ「対話」に変わったのか、と疑問視する向きもあったものの、現場では、「協働」のためには「対話」は欠かせないし、手立てとしてイメージしやすいので「対話」で良い、などの意見もあった。

2　「アクティブ・ラーニング＝活動を取り入れた学び」なのか

　以前からあった知識偏重改善、体験活動重視の流れの中で、「アクティブ・ラーニングにするために活動を取り入れなければ」と考えがちになるのは致し方ないが、答はもちろん「否」である。我々が諸先輩から受け継いできた箴言「活動あって学びなし、にはなるな」をここで思い出す必要がある。どのような学力を伸ばすための活動なのか、その活動でその学力は本当に伸びるのか、という検証がないまま、活動自体が目的になってしまってはいけない、という戒め[3]である。

　思うにこのような誤解の原因は、active の語釈のずれにあるのではないか。active の和訳としては「能動的」「自主的」「活動的」などがあるが、action（活動）⇒「活動的」というイメージが先行し、「活動を取り入れる」という解釈になりがちと思われる。しかし、学習指導要領改訂案において「アクティブ・ラーニング」が「主体的・対話的・深い学び」に置き換わったことから考えると、Active Learning の active は「能動的」「自主的」と捉えるべきである。学び手を受け身にさせず、学ぶ目的・方法を理解し、学ぶ内容に意欲関心をもち、学んだことを日常生活・人生に生かそうとするような「学びに向かう力、人間性」を引き出して Active（能動的な）Learner（学び手）を育てたい。active（活動的）にするべきは、手立てとしての活動ではなく、学び手の思考や情意・態度である。

3　「活動あって、学びなし」にならないために

　学習指導要領改訂に先駆け、アクティブ・ラーニングの視点からの国語科授業改

善として当時の水戸部教科調査官から提案され、全国に広まったのが「単元を貫く言語活動」である。水戸部は、従来の「段落ごとに詳細な読解を重ね、最後に感想や考察を書く」という学習過程では学びは受け身になり、生涯にわたり生きる言葉の力は身に付かないとし、子どもが自ら学び、課題を解決していく学習過程になるよう、単元全体を通し言語活動を一貫したものとして位置づけることを提案した[4]。

　「アクティブ・ラーニング」自体の目的化が危惧されたように、この「単元を貫く言語活動」も、当時ややもすれば手法だけが先行し目的化した傾向も見られたためか、現在これを標榜した実践例はあまり見かけない。しかし、「活動あって、学びなし」にしないために水戸部が示した

　　①つけたい資質能力を明確にする

　　②その資質能力を踏まえて「本時のねらい」を設定する

　　③その「本時のねらい」にぴったり合った活動を工夫する

　　④その活動でどのような学びができたか、振り返らせる

という過程は、アクティブ・ラーニングを単なる学習活動に終わらせず、前項 2 で述べたように真の意味でのアクティブな学びとする上で、今もなお有効である。そこで本研究では、この過程を踏まえた授業改善を試みた。

　国語科以外の教科でも、また、大学における授業改善を考える上でも、アクティブ・ラーニングにおいて学習活動自体が目的になってしまわないために、この過程を踏まえることが一助になると考えている。

Ⅱ　実践の視点

1　大学における授業改善の視点

　2012 年中央教育審議会答申「新たな未来を築くための大学教育の質的転換に向けて―生涯学び続け、主体的に考える力を育成する大学へ―」の用語集において「アクティブ・ラーニング」は以下のように説明されている。

　　　教員による一方向的な講義形式の教育とは異なり、学修者の能動的な学修への参加を取り入れた教授・学習法の総称。学修者が能動的に学修することによって、認知的、倫理的、社会的能力、教養、知識、経験を含めた汎用的能力の育成を図る。発見学習、問題解決学習、体験学習、調査学習等が含まれるが、教室内でのグループ・ディスカッション、ディベート、グループ・ワーク等も有効なアクティブ・ラーニングの方法である。

　小中学校とは異なり、「学問の府」たる大学では、講義形式でこそ学べる内容も多々あるだろう。しかし、好むと好まざるとにかかわらず、大学進学率上昇で「研究と教育」のうち「教育」の比重は高まっている。学生がより能動的に学べるようなアクティブ・ラーニングによる授業改善が、大学にも求められていると言える。

2　「国語科教育法」における授業改善の視点

　授業に活動を取り入れることはあくまでも授業改善の手段であって、それ自体が目的になってはならないことは、大学教育でも同様であろう。そこで本研究では、Ⅰ-3「『活動あって、学びなし』にならないために」で示した、

　　①つけたい資質能力を明確にする

　　②その資質能力を踏まえて「本時のねらい」を設定する (5)

　　③その「本時のねらい」にぴったり合った活動を工夫する

　　④その活動でどのような学びができたか、振り返らせる

を、アクティブ・ラーニングの視点による授業改善の過程として位置づけた。

①つけたい資質能力を明確にする

　アクティブ・ラーニングおいて、つけたい資質能力を何らかの学習活動によって着実に伸ばすのなら、まずその資質能力を明確にすることが前提となる。高校までなら学習指導要領が参考になるが、大学では、授業者自身が考えることになろう。

②その資質能力を踏まえて「本時のねらい」を設定する

　毎時の開始時に「これからの90分で、何を理解し、何ができるようになればよいか」を明文化し、スライド等で示す。

③その「本時のねらい」にぴったり合った活動を工夫する

　毎回の授業のねらいを踏まえて、

　「書く活動」：指導案作成　授業記録・振り返り　模擬授業事後検討記録作成

　「教える　教えられる」：模擬授業での教師役・子ども役

　「話し合い活動」：グループ教材研究　模擬授業グループ事後検討

　　を取り入れ、授業計画に位置付ける（次項Ⅲ-1　表4-1）。

④その活動でどのような学びができたか、振り返らせる

　毎回書かせる授業記録の最後に、考察・感想の欄を設定し、「この授業で何が分

かったか、できるようになったか」「自分が教師として教える際に何が役立ちそうか」を振り返ることができるようにする。

　以上４つの過程による授業改善でアクティブな学びをめざすとともに、「資質能力を踏まえたねらい」と「振り返り」の重要性を、学生自身が学び手として身をもって理解した上で、教師として授業を実践する際に生かすことも期待したい。

Ⅲ　2022年度後期「国語科教育法」の実践

1　授業計画

　小学校教員をめざす本学教育学部２年生を対象として実践した（受講生23名）。
　以下（表4-1）に、前項で挙げた４つの改善の視点のうち、

　②その資質能力を踏まえて「本時のねらい」を設定する

　③その「本時のねらい」にぴったり合った活動を工夫する

を、毎回の授業計画にどのように取り入れたかを示す。前半は主に基礎的な事項について学び、後半は主に指導案作成・模擬授業を実施した。

　表4-1で示した毎時の授業のうち、２実践を取り上げて以下 2 、 3 で示す。なお、グループ活動は３〜４人の固定メンバーで実施している。

2　第３回　漢字を指導してみよう

　小学校６年間で合計1026字。どの学級でも毎日のように新出漢字を指導したり、漢字のミニテストを行ったりしているが、多くの教師が悩むのは

　ア　漢字テストでは書けても、日常生活では使えない児童が多い

　イ　漢字テストの採点を、どこまで厳しくすればいいのか迷う

の２点である。そこで本研究「国語科教育法」第３回の授業ではこの２点に着目し、

　【ア　日常生活で使える漢字力を身に付ける指導】

　【イ　漢字テストを採点・評価する】

の２つを体験させることにした。以下詳細を述べる。

表4-1　2022度後期「国語科教育法」毎時の授業内容及び「めあて」と学習活動

回	主な授業内容		「本時のねらい」に合った活動
1	オリエンテーションⅠ・授業計画 国語科の目標って何？ 　国語科のアクティブ・ラーニング「ごんぎつね」	書く	「ごんぎつね」の授業で、アクティブ・ラーニングによる授業と従来の授業とを比較考察し、表にまとめる
	ねらい	①国語科の授業の目標〜国語は何のために学ぶのか、について学び自分の考えをもとう ②アクティブ・ラーニングによる授業と従来の授業とを比較し、国語科でアクティブ・ラーニングを実践するとしたらどんな授業になるのか、イメージできるようになろう	
2	国語科教材研究の方法 Ⅰ　教材研究って何をどうすること？ Ⅱ　「ごんぎつね」の教材研究をしてみよう	書く	教材研究とは何をどうすることかを学び、「ごんぎつね」教材文への書き込みによる教材研究を体験する
	ねらい	①国語科の教材研究とは、具体的に何をどうすることか、理解しよう ②①で学んだことを活かして「ごんぎつね」の教材研究をし、教材文に書き込もう	
3	漢字を指導してみよう Ⅰ漢字指導の基本〜復習 Ⅱどんな漢字指導を受けてきましたか Ⅲ新出漢字の指導例 Ⅳ漢字指導をしてみよう（グループ活動） ※次ページ表では、それぞれ「教・教」「話合」と略記	教える教えられる※話し合う※書く※	①日常生活でも書ける漢字力 　自分が受けてきた漢字指導についての分析をグループ内で発表し合う 　グループ内で順番に教師役を行い、新出漢字を指導する ②漢字テストを採点・評価する 　漢字テストを作成・採点し、動画「漢字テストのふしぎ」を視聴して漢字の評価規準について考察・記述する
	ねらい	・前期「国語」で学んだ漢字の3要素「形・音・義」について思い出そう ・漢字の3要素を踏まえ、話し合いを通じて自分が受けてきた漢字指導を分析しよう ①日常生活で使える新出漢字の指導方法を考え出そう ②漢字の評価規準を考えて漢字テストの採点ができるようになろう	
4 5 6	国語科の指導案ってどうやって作るの？ Ⅰ指導案の基礎知識 Ⅱ「単元」って何？ Ⅲそれぞれの項目には何を書くの？ Ⅳ指導案作成の重要ポイント Ⅴ各項目をくわしく見ていこう 指導案間違い探しにチャレンジ	書く	3年「一つの花」の細案・略案見本に、項目ごとの説明や注意事項を手書きで書き込み、「指導案作成マニュアル」を完成させる
	ねらい	①指導案をなぜ作成するのか、指導案各項目の意味、作成の際の注意事項を理解しよう ②①を活かして、自分のためだけの「指導案作成マニュアル」を作ろう	
7	「ごんぎつね」の略案を書いてみよう	書く話合	第2回で書き込んだ「ごんぎつね」の教材研究をグループで見せ合い、気付いたことを話し合った後、各自で最終場面の略案を作成する
	ねらい	教材研究と既習事項を活かして、実際に使える「ごんぎつね」の略案を書こう	
8	模擬授業・授業グループ検討 4年「テーマを決めて、本をしょうかいしよう〜ごんぎつね」（略案）	教・話合・教	グループ別模擬授業 ・教える側と教えられる側を体験 ・授業の事後検討とその記録
	ねらい	子どもから多様な想像を引き出す発問を工夫して、物語を読むことの楽しさを味わえる授業をめざそう	

9	教材研究と指導案各自作成（略案） 　３年「絵文字について説明しよう〜くらしと絵文字」	書く	話合	「くらしと絵文字」の教材研究をグループで見せ合い、気付いたことを話し合った後、各自で略案を作成する
	ねらい	教材研究と既習事項を活かして、実際に使える「くらしと絵文字」の略案とワークシートを作ろう		
10	模擬授業・授業グループ検討 　３年「絵文字について説明しよう〜くらしと絵文字」	教・教	話合	グループ別模擬授業 ・教える側と教えられる側を体験 ・授業の事後検討とその記録
	ねらい	絵文字への興味を入り口に文章構成を理解させ、その構成を活かした文章が書けるようになる授業をめざそう		
11	教材研究と指導案各自作成（細案） 　５年「生活の中で詩をたのしもう」	書く	話合	「生活の中で…」の教材研究をグループで見せ合い、気付いたことを話し合った後、各自で略案を作成する
	ねらい	教材研究と既習事項を活かして、実際に使える「生活の中で詩をたのしもう」の指導案（細案）とワークシートを作ろう		
12	模擬授業・授業グループ検討 　５年「生活の中で詩をたのしもう」	教・教	話合	グループ別模擬授業 ・教える側と教えられる側を体験 ・授業の事後検討とその記録
	ねらい	「教える授業」ではなく「引き出す」授業で、子どもたちに詩を読むことの楽しさを味わわせよう		
13	教材研究と指導案各自作成（略案） 　２年「あったらいいな　こんなもの」	書く	話合	「あったら…」の教材研究をグループで見せ合い、気付いたことを話し合った後、各自で略案を作成する
	ねらい	教材研究と既習事項を活かして、実際に使える「あったら…」の略案とワークシートを作ろう		
14	模擬授業・授業グループ検討 　２年「あったらいいな　こんなもの」	教・教	話合	グループ別模擬授業 ・教える側と教えられる側を体験 ・授業の事後検討とその記録
	ねらい	ワークシートや発問を工夫して、質問してもらうことで「あったらいいな」と思うものの説明がもっと詳しくできるようになる授業をめざそう		
15	国語科教育のいまとこれから 〜デジタル教科書を活用した国語科の授業	書く		デジタル教科書を実際に使ってみた後、デジタル教科書を活用した授業構想を作成する
	ねらい	デジタル教科書を使いこなして、ことばの力が着実に身につく楽しい授業を工夫しよう		

【ア　日常生活で使える漢字力を身に付ける指導】

①つけたい資質能力を明確にする

　漢字の３要素（下記※）、特に「義」を意識して指導する漢字指導の力

> ※漢字には３要素「形」「音」「義」、即ち、
> 　　　形：正しく書ける　　　音：正しく読める　　　義：意味が分かる
> があるが、「漢字の読み書き」という言葉があるように、「読めて（音）書け（形）」
> ればよい、と考えがちである。しかし、未知の漢字を文章中で使える（書ける）漢字
> にまでレベルアップするには、
> 　　　ⅰ）その漢字が読める
> 　　　ⅱ）その漢字の意味が分かる
> 　　　ⅲ）その漢字が、手本を見なくても正しく書ける
> 　　　ⅳ）文意に合った意味の漢字を選んで文中で使える
> という段階が必要であることを考えると、使用語彙のレベルまで十分に「意味が分
> かって（義）」いることこそ重要である。そういった意味では、漢字指導は語彙指導
> としての要素も大きい。

②その資質能力を踏まえて「本時のねらい」を設定する

　「日常生活で漢字を使えるようになる新出漢字の指導方法を考え出そう」

③その「本時のねらい」にぴったり合った活動を工夫する

《学習活動Ａ：自分が受けてきた漢字指導を振り返って再現する》

　グループに分かれ、漢字が得意か不得意か順番にカミングアウトしたが、不得意
な学生のほとんどが「漢字を書けない」ことを挙げていた。自分が受けてきた漢字
指導を再現して見せ合い、気付いたことを話し合った。

《学習活動Ｂ：「形・音・義」の３要素を意識して新出漢字を指導する》

　前期「国語」で学習した漢字の３要素を復習し、学習活動Ａを振り返って、「書
けないのは、形を思い出せないだけでなく、意味を十分理解できておらず使用語彙
として定着していないため」ということに気付いた。このことを踏まえてグループ
活動で順番に見せ合った新出漢字の指導（各グループ１枚ずつ配布した自立式の中型
ホワイトボードを黒板代わりに使用）では、例文を提示するなど、意味を重視した指
導法の工夫が見られた。

④その活動でどのような学びができたか、振り返らせる

　漢字を日常生活で使えるようにするにはどんな指導が必要か、本時の活動でそう
いう指導ができたかを観点と示し、考察を書かせた。以下のような記述がみられ
た。

・漢字の意味を、文の中でしっかり理解させることが大切だと思った。
・自分が漢字を使えないのは語彙力が足りないせいだと分かったので、もっと本を読もうと思った。
・日常生活で使えるまでにするのは難しいかもしれないけど、意味を丁寧に説明したり、短文作りをさせたりしたい。

【イ　漢字テストを採点・評価する】

①つけたい資質能力を明確にする

　採点・評価の経験を通して、「評価」の本質について考える

②その資質能力を踏まえて「本時のねらい」を設定する

　「漢字の評価規準を考えて漢字テストの採点ができるようになろう」

③その「本時のねらい」にぴったり合った活動を工夫する

《学習活動Ａ：ペアで漢字テストを採点し合う》

　採点した漢字テストを見せ合う中で、評価規準（次ページ※）について悩み、考えさせたいというこちらのねらい通り、学生の以下のようなやりとりが聞かれた。

　「ええ？　これ○じゃないの？」

　「形は合ってるけど、『はね』や『はらい』ができていないし（前ページ漢字テストの「帳」「院」）、横棒の間隔が等間隔じゃない（「書」「筆」）ところや、竹かんむりの形がおかしいところ（「筆」）があるし、くっついてなきゃいけないところが離れている（「絵」）から、全部△にして減点したよ。」

　「厳しすぎるんじゃないの？　『はね』『はらい』は、まあ仕方ないとしても、間

隔とかくっついていないとかで減点するってどうなの？」

「そうかなあ……。小学校の時の採点ってこんな感じだったけどなあ。」

「そうなの？　私の時はこんな厳しくなかったよ？」

※学校現場では、このような漢字字体の評価規準についての悩みは新しいものではないが、平成22年に文化庁が「常用漢字表」に付して出した解説・指針[6] と、それを踏まえた学習指導要領解説[7] は、「とめ、はね、はらいが正確に書けていなくても減点してない」と受け止められ、新聞報道で取り上げられた。報道の影響は大きく、これを見た保護者から採点結果について質問・抗議を受けるなど、しばらくの間現場の混乱と当惑を招いた。

　平成28年2月発表の文化庁「常用漢字表の字体・字形に関する指針（報告）」の概要」QA欄でも、「はねるか、とめるか」について以下のように解説されている

Q38　はねるか、とめるか（「木」・「きへん」など）「木」という漢字の真ん中の縦画の最後を、はねるように書いたら誤りなのでしょうか。「きへん」の場合についても教えてください。

A「木」や「きへん」は、はねて書かれていても誤りではありません。はねても、はねなくてもいい漢字は、ほかにも多数あります。

　「字体についての解説」にも、両方の書き方があることが下記のように例示されています。これは、「きへん」の場合も同様に考えられます。

木 － 木 木

　漢字の習得の段階では、「木」や「きへん」の付いた漢字について、はねのない字形が規範として示されることが多く、はねたら誤りであると考えている人も少なくないようですが、手書きの楷書では、はねる形で書く方が自然であるという考え方もあります。また、戦後の教科書には、両方の形が現れています。これは「のぎへん」や「うしへん」も同様です。

「常用漢字表の字体・字形に関する指針（報告）」の資料を見た学生は、

「『木』の縦棒は、はねないって教わってきたのに……」

「とめ・はね・はらいは大事だと思ってたけど、どっちでもいいっていうこと？」

「これまでの漢字テストって何だったの？」

と驚いていた。そこで、漢字字形の評価基準についてさらに考察を深めるために、動画「漢字テストのふしぎ」[8] を視聴した。この動画は、漢字テストの採点基準が教師によって異なることに疑問を抱いた高校生が、小・中・高の教師だけでなく教育委員会・文部科学省・文化庁の担当者に直接インタビューし、疑問をぶつけて作成した力作である。

④　その活動でどのような学びができたか、振り返らせる

　最初に採点した時には、各自が自分なりの採点基準でそれほど迷うことなく採点していたが、互いの採点結果を比べたり、文化庁の解説・指針や学習指導要領解説を見たり、動画「漢字テストのふしぎ」を見たりしたことで迷いが生じた学生も多く、授業記録用紙の考察欄には以下のような記述がみられた。

・規準を甘くすることは生徒側にとってはいいけれど、自分が教師なら困る。
・確かに、子どもの頃、採点の厳しい先生と甘い先生がいた。
・いま思うと、厳しくつけてくれた方が、きちんとした漢字が書けるようになるからいい。
・先生によって規準が違うなんて、生徒の側から見たら納得がいかない。
・保護者からクレームが来たらいやだなと思った。
・全国共通の評価基準を示してくれないと、採点の時困ると思った。（※）
（※）小学校学習指導要領解説「国語編」には「学年別漢字配当表に示す漢字の字体を標準とすること」[9] とある

　この授業で取り入れた活動は漢字テストの採点・評価と動画視聴だが、実際に採点・評価してみて「評価規準」について悩む体験を通して、国語科の漢字指導の評価にとどまらず、「学習評価」全般について考察させることができたと考えている。特に動画「漢字テストのふしぎ」は、「評価規準は誰がどう決めるのか」を入り口にし、「評価するとはどういうことか」「指導と評価の一体化とは何か」といった評価の本質まで考えさせられる内容で、教材として一見の価値がある。
　「国語科教育法」後半の第7回〜14回の8コマは、2コマを1クールとし、

　　1コマ目：教材研究→指導案作成　2コマ目：模擬授業→授業事後検討

という流れで4教材を取り上げて実践した。指導案は全員作成だが、一斉授業の形態で23名の受講生全員が模擬授業の教師役を体験することは不可能なので、4人（1グループは3人）1組のグループ内模擬授業とし、順番に教師役を体験させた。
　紙幅の制限もあるので、ここでは4教材のうちの一つ、「生活の中で詩をたのしもう」（5年　光村図書）の授業（第11・12回）について取り上げる。

3　第11・12回「生活の中で詩をたのしもう」5年　光村図書
【ア　教材研究・指導案とワークシートの作成（第11回）】

① つけたい資質能力を明確にする

　（ⅰ）想像を広げて詩を読む楽しさを味わわせる授業力
　（ⅱ）各項目や用語の意味を踏まえ、現場で通用する指導案を作成する力
　（ⅲ）子どもの意欲・関心を引き出す導入時の「めあて」を工夫する力

② その資質能力を踏まえて「本時のねらい」を設定する

　「教材研究と既習事項を活かして、実際に使える『生活の中で詩をたのしもう』の指導案（細案）とワークシートを作ろう」

③　その「本時のねらい」にぴったり合った活動を工夫する

　資質能力（ⅰ）想像を広げて詩を読む楽しさを味わわせる授業力
のために取り入れた活動は

《学習活動Ａ：教材研究で、詩を読むことの楽しさをまず自分が体験する》

である。各自が自由かつ豊かに想像し、詩を読むことの楽しさをまず授業者自身が
味わうため、詩の中の言葉から想像したことを下図のように、各自で書き込んだ。

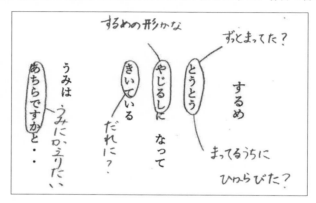

　そしてグループで自分の想像を発表し合い、互いの発想に触れてさらに想像を広
げた。自由な想像とはいえ言葉の学習なので、どの言葉から想像したかを明確に示
すことが、教材研究でも授業においても大切である。

　指導案の学習過程に「詩の題名を考える」という活動を取り入れた学生はこの
《学習活動Ａ》を想起して、下の ➡ のように「どの言葉からそう感じたのか」
という発問を考えることができた。

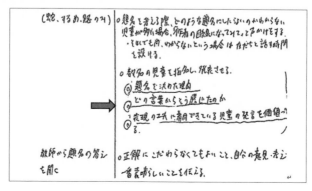

　この教材研究の段階では、子どもになり切ってどれだけ自由な想像ができるかが鍵になる。子どもの発想は柔軟で、教師の思いもつかない想像をすることがあり、指導案を作成する際に、「予想される児童の反応」を幅広く想定し、それに対応する「指導上の留意点」を考えておくことが求められるからである。

　資質能力（ⅱ）各項目や用語の意味を踏まえ、現場で通用する指導案を作成する力のために取り入れた活動は

《学習活動Ｂ：指導案（細案）とワークシートを作成する》

である。個性豊かな指導案も期待したいが、教育実習に向けて正しい形式で作成できるようにしておくことも必要なので、「資質能力（ⅱ）各項目や用語の意味を踏まえ、現場で通用する指導案を作成する力」をつけるために、配布してある指導案（3年「一つの花」細案）見本と指導書を細部までよく見るよう指導し、各項目の意義や用語の意味を踏まえて作成させた。

　資質能力（ⅲ）子どもの意欲・関心を引き出す導入時の「めあて」を工夫する力のために取り入れた活動は

《学習活動Ｃ：お互いの「本時のめあて」を比較して話し合う》

である。本時の学習内容は、学習指導要領「Ｃ読むこと（1）エ「詩の表現の工夫に気づき、その効果について考えることができる」であり、指導書にも同じ文言が「本時の目標」として記載されている。しかしこれをこのまま「本時のめあて」として子どもに提示しても、子ども自身が「この授業のゴールは何でどんな力をつければよいのか」を理解できず、「やってみたい」という意欲関心を引き出すことができない。

　学生は自分が考えためあてを下のように指導過程冒頭の「本時のめあて」欄

時間	学習活動	指導上の留意点
3分	1　本時のめあてをつかむ。	
	【本時のめあて】 ⇒それぞれの詩の工夫について考え、想像を深めよう	
10分	2　詩を音読する	○気になる言葉に線を引きながら音読させる

に記載するのだが、多くは以下のような、学習指導要領の記述を子どもに分かるようにそのまま書き直したものが多かった。

> ・それぞれの詩の工夫について考え、想像を深めよう
> ・詩を読んで面白いところをさがそう
> ・詩の中にある表現の工夫について考えよう
> ・詩を読んで、どのように表現が工夫されているのか考えよう
> ・詩の工夫された所を見つけて、こめられた思いを考えてみよう

　グループの話し合いの中で、子どもの意欲を引き出すという点で評価が高かったのは、

> ・詩の表現のいいところやその効果について考え、お気に入りの詩を見つけよう

の「お気に入りの詩」という表現や、

> ・冒険者になりきって、詩の中にあるワクワクドキドキを見つけよう！

という、子どもの心情を盛り上げるための大胆なアレンジだった。

④その活動でどのような学びができたか、振り返らせる

　今回ねらいとした３つの資質能力のうち、

　（ⅲ）子どもの意欲・関心を引き出す導入時の「めあて」を工夫する力

について取り上げる。事後検討ではグループでの検討なので、次のクールに入って新しい教材を紹介する前に、前の教材の指導案で作成した「本時のめあて」数名分をスライドで紹介し、全体で再度話し合った。

　話し合いの中では、学習指導要領や指導書に記載されている指導のねらいを踏まえ、それをどこまでアレンジするかが話題になった。子どもの関心を惹きたいからとあまり大胆なアレンジをすると、つけたい資質能力から離れてしまうこともある。かといって、学習指導要領や指導書は教師に向けた表現になっているので、子どもにとってこのままでは魅力に欠けるし、難しい言葉も多い。

　さて、模擬授業において「日常生活や人生で生かす」とは、教師としての授業力向上に生かす、ということになる。次の「話す・聞く」の教材「あったらいいなこんなもの」の指導案作成では、「生活の中で詩をたのしもう」の「めあて」作成で学んだことを生かして、指導書の「本時のねらい」が以下のようにアレンジされていた。各々が、子どもに分かりやすく、少しでも楽しそうな表現で意欲を引き出そう、と考えたことが分かる。

指導書の「本時のねらい」
「質問し合うことで、『あったらいいな』と思うもののイメージをより明確にし、詳しく説明できるようにする」

学生が工夫した「本時のめあて」
・お友達と質問し合い、あったらいいなと思うもののイメージをはっきりさせよう。そして自分の言葉でくわしく説明できるようになろう
・ペアで質問し合って、あったらいいなと思うものについて、よりくわしく話してみよう
・「あったらいいな　こんなもの」と思うもののイメージをよりはっきりさせ、細かく説明できるように、ペアでナイスな質問をたくさんし合おう！
・「あったらいいな」の質問マスターになろう

【イ　模擬授業と事後検討（第12回）】

① つけたい資質能力を明確にする

　（ⅰ）子どもから多様な考えを引き出す発問力

　（ⅱ）「本時のねらい」に沿って指導案や授業を振り返り、課題を発見する力

② その資質能力を踏まえて「本時のねらい」を設定する

　「『教える授業』ではなく『引き出す』授業で、子どもたちに詩を読むことの楽しさを味わわせよう」

③ その「本時のねらい」にぴったり合った活動を工夫する

　資質能力（ⅰ）子どもから多様な考えを引き出す発問力
のために取り入れたのは《学習活動Ａ：模擬授業で教師役と子ども役を体験する》である。

　〖教師役〗自分たちが受けてきた授業の記憶からなのか、学生は「正しい答を教えるのが授業」だと思っている傾向があり、期待した答が出るまで一問一答の発問を繰り返してしまう。そこで今回の詩の学習では、表現に着目してそこから豊かに想像させるためには「一問多答」の発問が必須であることを指導し、模擬授業に取り組ませた。多くの学生が次ページの ➡ のような一問多答の発問や指導上の留意点を工夫できていた。

多様な発想を引き出そうとする配慮もなされていた

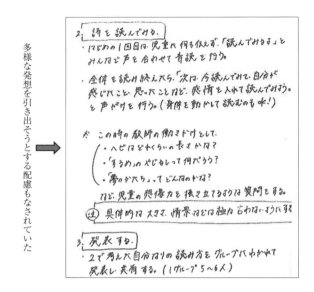

〖子ども役〗模擬授業で子ども役の学生が果たす役割は大きい。特に今回のように一問多答で自由な想像を引き出す授業では、教師の想定を超える想像を発表することで、教師の対応力向上に貢献することが期待される。また、自身が授業を行う時に、授業を受ける側の「分からない」「つまらない」「集中できない」という状況や心情を想像・理解し、対応できるようにするためにも、子ども役の経験は必須である。

あるグループでは、右の詩で、子ども役として「なんでなみだなの？鼻みずじゃいけないの？」と発言した学生がいた。実際の授業ではこのような想定外の発言はよくあることだが教師役の学生は立ち往生してしまった。「そうだね。どうしてここは『なみだ』なんだろうね、どう思う？」という発問で返し、他の子どもの意見も聞いて話し合わせれば、この詩が描く世界観に迫るきっかけにできたはずである。

また、教室全体で行う模擬授業であれば20人以上の子ども役を相手にできるが、グループ模擬授業だと子ども役は3人なので、多様な想像を引き出すといっても限りがあることは否めない。今後の検討課題としたい。

一ばんみじかい抒情詩

海です
一ばん小さな
にんげんのつくることのできる
なみだは

　　資質能力（ⅱ）「本時のねらい」に沿って指導案や授業を振り返り、課題を発見
　　　　　　　する力

のために取り入れたのは、《学習活動B：授業の事後検討を通して、自分の課題を
見つける》である。具体的には、模擬授業の後で事後検討会をもち、授業の振り返
りをするとともに、授業者以外の指導案も検討してそれぞれが自分の課題を発見
し、次の指導案作成や模擬授業の改善に生かす。

　しかし、一昨年の「国語科教育法」までは、事後検討の進行を各グループの司会
者任せにしていたところ、以下のような問題点が生じた。

・授業を見る視点が指導の手立てに偏り、「本時のねらい」は何でそれは達成さ
　れたのか、という授業の本質に迫りきれない。

・授業者の批判を避けるあまり、課題を見つける話し合いになりにくい。

・順番に感想を発表し終わると、それ以上話し合いが深まらない。

・模擬授業の事後検討の話し合いの記録が残らないので、授業者に還元されにく
　い。

　そこで、これらの課題を踏まえて、以下のように検討会の進め方を明文化し、一
つの項目について必ず全員が発言する約束にした。そして司会者の他に記録者も決
めて発言の記録をとって提出させ、記録のコピーを授業者に渡すことにした。

（1）授業者が、自分の指導案の単元設定の理由や授業の意図について説明
（2）全員で、授業者の指導案に書かれた「本時の目標」を確認し、音読
（3）授業者が、授業の反省について述べる
（4）事後検討の話し合い（司会者はすべての項目について必ず全員をあてる）
　①児童に示された「本時のねらい」は、略案の「本時の目標」に合っていたか。ま
　　た子どもに分かりやすい表現で、意欲を引き出すように工夫して提示されていたか。
　②発問やワークシート、話し合いなどの手立ては本時のねらい達成に有効だったか。
　③範読・音読・黙読が目的に合わせて取り入れられ、子どもが語感や言葉の使い方
　　に対する感覚を意識して読むのに役だっていたか。（※）
　④比喩など、表現の工夫について、教師の解説は最小限にとどめ、子どもから気付
　　きや発言をたくさん引き出していたか。（※）
　⑤教師の発問は、子どもから自由な発想や多様な想像を引き出していたか。（※）
　⑥板書について気付いたこと。
　⑦教師の話し方について気付いたこと
　⑧授業者以外のメンバーが自分の指導案の「めあて」と指導過程について説明
　⑨フリートーキング
（5）一言感想（全員）

　（※）の項目は、この「生活の中で詩をたのしもう」に合わせた内容である。他の教材では、例えば説明文教材「くらしと絵文字」（教育出版　3年生）では

　　・絵文字に関心をもち、「お気に入りの絵文字」を友達に紹介したいという意欲がわいてくるような授業だったか

　話す・聞く　の教材「あったらいいな、こんなもの」（光村図書　2年生）では

　　・発表に付け加えることがらを質問に答えることで明らかにさせ、その内容をメモさせるなど、発表をより詳しくさせる手立てを講じていたか

など、それぞれの教材のねらいに合わせた項目で事後検討を進行できるよう、記録用紙に掲載する項目を工夫した。

　④　その活動でどのような学びができたか、振り返らせる

　前項「検討会の進め方の明文化」で示したように、グループ事後検討で最後に一言ずつ感想を述べさせ、記録させた。「生活の中で詩をたのしもう」の事後検討では、この授業でつけたかった資質能力

　（ⅰ）子どもから多様な考えを引き出す発問力

　（ⅱ）「本時のねらい」に沿って指導案や授業を振り返り、課題を発見する力

に関して、以下のような記述が見られた。

> ・詩なんてどう扱ったらいいか困ったけど、まず自分が読んで想像してみたことが、発問のヒントになった。
> ・想像がいろいろ広がりすぎて、どうやって授業をしていいのか困った。
> ・子ども役の人が予想外の反応をして、頭が真っ白になった。
> ・子ども役の人がいろいろ言うのに対応していると、「本時のねらい」から外れていってしまう。
> ・指導案を作るのは大変だけど、人の授業を見るときに、自分なりに考えをもって見られるからいいと思った。
> ・持ち寄ったワークシートの形がいろいろ違って、勉強になった。

Ⅳ　授業評価アンケートの結果

　例年、最終回の授業で授業評価アンケートを独自で実施している。授業改善全般のためのアンケートなのでアクティブ・ラーニングに特化した設問はないが、2022年後期「国語科教育法」のアンケート結果は、以下の通りである。

2022 後期国語科教育法　授業評価アンケート結果

1　国語科の指導案について学び、実際に作成してみて、どうでしたか。(5点満点平均)

(1) なぜ指導案を作成するのか、指導案作成の必要性が理解できた。　　4.8
(2) 指導案の各項目の意義や作成上の注意点が理解できた。　　4.5
(3) 指導案の作成の仕方が理解できた。　　4.9
(4) 返却された指導案に書かれたコメントは参考になった。　　4.8
(5) 前期「国語」で授業構想を立てた経験が、指導案作成に役立った。　　4.8
(6) 学習指導要領の内容が、単元の目標や本時の目標に直結していることが理解できた。　　4.7
(7) 配付された指導案の見本は、指導案作成に役立った。　　4.8

2　指導案作成や模擬授業を体験してみて、どうでしたか。(記述の一部)
(1) 模擬授業を体験した感想(先生役として、児童役として)
・指導案通り授業が進まなかったり、想定していた授業と違う内容になってしまったりして、思った以上に上手くいかないことが分かった。
・児童役として授業に参加するのは、昔のことを思いだして楽しかった。
・子どもの反応が予想外だと、フリーズしてしまった。
(2) 模擬授業後のグループ討議の感想
・グループの話し合いを通して学んだことで、授業が洗練されていった。
・自分では気づかないことを指摘してもらえて、とても参考になった。
・正解は一つとは限らないということが分かった

3　授業の進め方はどうだったでしょうか。今後の「国語科教育法」の進め方の参考にするために、聞かせてください。(記述の一部)
(1) 良かった点
・授業構想・指導案を考える時間→模擬授業という流れに時間が充分使われた。
・国語の授業のイメージができた。
・指導案の細かいところまで添削していただき、自分の改善点を理解することができた。
(2) 改善を要する点
・模擬授業の事後検討の記録の負担が大きすぎる、内容の項目をもう少し減らすと良い。
・自分らしい授業というより、学習指導要領に忠実な授業になった。
・スライドが速すぎた。

Ⅴ　おわりに

　本研究では、大学の小学校教員養成課程における「国語科教育法」の授業にアクティブ・ラーニングの視点を取り入れることで、具体的な国語の授業実践力を身に付けることを目指した。そのために、学生全員が授業者、指導案作成、事後検討などで毎時間活躍することを重視した。しかし一貫して留意したのは、学習活動自体が目的化して「活動あって、学びなし」にならないようにすることである。毎回の授業で学生に身に付けさせたい資質能力を明らかにし、それに合った活動を工夫し、さらに振り返りを実施することで成果を上げたと考えている。

　教科教育法の授業の目的の一つに、学習指導要領の見方や指導案作成の基本を身に付けるということがあるので、前項の授業評価アンケート３（２）の「学習指導要領に忠実な授業になった」という感想はある程度仕方がないが、アクティブ・ラーニングを目指す授業としては残念な意見である。今後の検討材料としたい。

　なお、本研究に際し、研究倫理上の問題に配慮し、授業中に受講学生に感想やレポートを研究で使用する旨を口頭で伝え、同意を得たデータのみを使用し分析を行った。また、使用した学生の感想やレポートは、全て匿名で記載しており、取得したデータの分析は、当該後期授業終了後の成績評価後に行った。

【注】
(1) 2012 年中央教育審議会答申「新たな未来を築くための大学教育の質的転換に向けて─生涯学び続け、主体的に考える力を育成する大学へ─」
(2) 論点整理２　新しい学習指導要領等が目指す姿（3）
　　育成すべき資質・能力と、学習指導要領の構造化の方向性について
　　　②　学習活動の示し方や「アクティブ・ラーニング」の意義等　指導方法の不断の見直し
　　　ⅱ）　他者との協働や外界との相互作用を通じて、自らの考えを広げ深める、対話的な学びの過程が実現できているかどうか。（下線筆者）
(3) 2016 年「中央教育審議会教育課程部会国語ワーキンググループ取りまとめ」にも、以下の記述がある。
　　　なお、「アクティブ・ラーニング」は、本来、資質・能力を育成するための視点であり授業の「型」ではないにもかかわらず、その趣旨が学校等に十分伝わっていないように感じられること、活動に注目が行きすぎているが、活動そのものではなく、活動が学びにどのようにつながるかが重要であるなどの懸念が指摘されたところである。

(4) 水戸部修治「論説　単元を貫く言語活動を位置づけた授業づくり」『初等教育資料』
（2014 年 6 月号）東洋館出版社。

(5) 西崎有多子・山本かほる「小学校における『資質能力目標』明確化による授業改善―
"この授業で何ができるようにするか"に着目して国語と英語を考える」『東邦学誌』
48（1）（2019 年 6 月）で、学習指導要領と教材の分析から「この授業でつけたい資質
能力」を明確にして「本時のねらい」に落とし込み、さらに子どもの意欲関心を引き
出す「本時のめあて」として導入時に示す過程について提案している。

(6) 2017 年 7 月「小学校学習指導要領解説第 4 章　指導計画の作成と内容の取扱い　2
内容の取扱いについての配慮事項」にも、以下のような記述がある。

　　「常用漢字表」（平成 22 年　内閣告示）の「前書き」及び「常用漢字表の字体・字
　　形に関する指針（報告）」（平成 28 年 2 月 29 日文化審議会国語分科会）においては、
　　以下のような考え方が示されている。

　　　・字体は骨組みであるため、ある一つの字体も、実際に書かれて具体的な字形と
　　　なってあらわれたときには、その形は一定ではない。同じ文字として認識される
　　　範囲で、無数の形状を持ち得ることになる。

　　　児童の書く文字を評価する場合には、こうした考え方を参考にして、正しい字体で
　　あることを評価した上で、柔軟に評価することが望ましい。

(7) 2010 年 11 月内閣告示「改訂常用漢字表」（付）字体についての解説。
　　2016 年 2 月「常用漢字表の字体・字形に関する指針（報告）」文化庁。

(8) 2007 年東京ビデオフェスティバル大賞受賞　長野県梓川高等学校放送部作成。

(9) 2017 年 7 月小学校学習指導要領解説「国語編」第 4 章　2 内容の取扱いについての配慮
事項　○【知識及び技能】に示す事項の取扱いエ（エ）。

第5章 小学校体育科教育法における
アクティブ・ラーニング

伊藤 数馬

I 体育授業とアクティブ・ラーニング

アクティブ・ラーニングとは「教員による一方向的な講義形式の教育とは異なり、学修者の能動的な学修への参加を取り入れた教授・学習法の総称」「学修者が能動的に学修することによって、認知的、倫理的、社会的能力、教養、知識、経験を含めた汎用的能力の育成を図る。発見学習、問題解決学習、体験学習、調査学習等が含まれるが、教室内でのグループ・ディスカッション、ディベート、グループ・ワーク等も有効なアクティブ・ラーニングの方法である」(2012(平成24)年8月、中央教育審議会答申「新たな未来を築くための大学教育の質的転換に向けて―生涯学び続け、主体的に考える力を養成する大学へ―」用語集より)として定義されている。

小学校体育においても、学習指導要領改訂に際し、他教科と同様に、アクティブ・ラーニングへの対応が求められ、それらに関する先行研究も数多くみられ、現状の課題等が様々示唆されている。

八塚他(2020)は「体育科においても、学びの質的転換は当然考慮されなければならず、『アクティブ・ラーニング』の視点を生かした授業づくりの在り方を探求する必要がある」としているが、岡野(2015)は「体育科が身体活動を伴う教科であるため、すでにアクティブ(主体的)であると誤って捉えてしまうことや、行き過ぎた主体主義で浅い学びになりやすいこと、話し合いばかりの偏った学習になること」等の危惧を指摘しており、体育科教育におけるアクティブ・ラーニングについて以下の3つのシナリオを例示している。

・シナリオ1:「アクティブに(主体的に)学ぶ」体育〜「活動あって学習なし」の再現

体育はそもそも教室で行われる授業と違って、身体活動を伴う教科であるた

め、とっくに「アクティブに（主体的に）学んでいる」と解釈され、例年通り
の授業が特に改善されることもなく展開されていくシナリオ。
・シナリオ2：「アクティブに（能動的に）学ぶ」体育〜「学習者の意欲喚起型の
学習」の再現
　　「アクティブに（能動的に）学ぶ」というキーワードは、子供の主体性を取り
戻す好機ととらえられ、学習意欲を喚起する授業の工夫が再来するというシナ
リオ。
・シナリオ3：「アクティブに（協働的に）学ぶ」体育〜「話し合い学習」の再現
　　仲間と共に言語を介しての教え合いの側面が強化される「話し合い主義」に
傾倒していくシナリオ。

　鈴木秀人（2015）は、「子どもたちが自らの身体を動かす活動を中心にする体育
は、よりアクティブ・ラーニングと結びつきやすい授業」とするも、「運動するこ
とが常に『能動的』、すなわち『自ら働きかけて行動する』ばかりではなく、むし
ろ反対に『受動的』、つまり『他から働きかけられて行動する』場合も多々あるこ
とを多くの人は経験として知っている」としている。
　白旗（2015）は、体育におけるアクティブ・ラーニングについて、「充実した体
育の授業ではアクティブ・ラーニングの手法は既に取り入れられている」とし、
「体育は、学習指導要領の構成からも他教科に先駆けている点があり、新たなキー
ワードに振り回されることなく、豊かなスポーツライフの実現を目指した現行学習
指導要領に基づいた体育の授業の在り方を模索していくことで、当然アクティブ・
ラーニングは取り入れられていくことになる」としている。
　鈴木直樹（2021）は「体育の授業ではグループやチームでの活動や話し合いの場
面が多く、一般的にはアクティブ・ラーニングが実現しやすい教科と考えられてい
るかもしれないが、ただ単に子どもたちが一緒に運動しているだけであったり、話
をしているだけであったりするのではアクティブ・ラーニングとは言えない」とし
ている。
　体育は、座学中心の他教科と比べ、自らの身体を動かす活動やグループ・チーム
での活動も多く、アクティブ・ラーニングと結びつきやすい授業であり、すでにア
クティブ・ラーニングの手法が取り入れられている場合が多い。ただし授業者が体
育を通して、子どもに何を学ばせたいのかが明確になっていないと、形式的なアク

ティブ・ラーニングという教育方法を取り入れることのみが目的となってしまうことが危惧される。

Ⅱ　体育授業に必要な教師の行動

　太田他（2017）が「アクティブ・ラーニングにおける教師の役割については多くの議論がされておらず、『主体的・対話的で深い学び』を実現するための教師の役割は不明瞭のままである」と指摘しているように、体育授業でのアクティブ・ラーニングの実現には授業技術・指導技術が必要である。

　よい体育授業と評価される授業に共通する教師の行動について、高橋他（2010）は、「インストラクション（説明、指示、演示などの直接的指導）、マネジメント（移動、待機、準備、後片付けなどの管理的行動）、モニタリング（観察行動）、相互作用（賞賛、助言、叱責などのフィードバックと励まし）の4つである」とし、子どもが評価する体育授業での教師の行動の特徴を次のようにまとめている。

①マネジメントやインストラクションに関わる時間量や頻度が少なく、運動学習場面に多くの時間を確保していること
②相互作用につながる積極的な観察行動がみられること
③質問―応答、フィードバック（賞賛・助言）、励まし、補助などの相互作用が多いこと
④個々の子どもの運動学習に対するフィードバックが多いこと

　本学の「体育科教育法」を受講した学生に、上記4つの中で特に重要だと考える項目はどれかと質問したところ、【③　質問―応答、フィードバック（賞賛・助言）、励まし、補助などの相互作用が多いこと】と回答した学生が半数以上であった。回答した理由として、「教師が発問をして児童が応答し、児童ができたことに対して褒めたり、助言したりすることで、『もっと頑張ろう』『やってみよう』という意欲が湧くから」「自分自身が褒められたりアドバイスを送ってもらうことによりできるようになっていった経験が多く、やる気が出ない際も励ましてもらうことによりスイッチが入り積極的に活動することがあったので、あまりできていない子どもたちにも少しでも良いところを見つけて褒め、背中を押して活動する勇気を出してく

れるようにしたいから」「児童の質問にきちんと答えたり、児童ができたことへの賞賛、不安を解消することで、教師との絆が深まり、授業もよりよいものになるから」「先生から褒められることが児童にとって一番の成長につながると感じ、私はここまでできるんだ、やればできるじゃんというような意欲が次の学習に繋がると思うので、フィードバックはとても大切だなと感じたから」といったことが挙げられた。

　梅野他（1997）は「小学校体育科における学習成果に最も大きな影響を及ぼしている教師行動は、『相互作用』と『巡視』」とし、「『肯定的・矯正的フィードバック』と『発問』活動の恒常的な働きかけは、肯定的で支援的な学習環境を生み出し、そのことによって子ども達は積極的に学習に従事し、結果として態度得点が高まる」として、「相互作用」に結びつく質的な「巡視」の重要性を示唆している。

　最近の子どもの傾向として、自分の行動に自信がない・自己肯定感が低い・失敗することを過剰に恐れているといった声をよく耳にする。「できる・できない」が可視化されやすい体育だからこそ、これまで以上に教師と児童の間における信頼関係や何事にも挑戦できるといった安心感が求められている。

Ⅲ　アクティブ・ラーニング時代に求められる体育教師

　担当している講義での学生の様子を振り返っても、体育の授業を指導することに難しさを感じている学生がここ数年少なくない。「自分自身が運動に対して苦手意識があるから」が一番多い理由である。以前は、体育の授業が好きだったし、運動することも好きなので「体育の授業ぐらいだったら簡単にできるだろう」と考えている学生が多かった印象だが、運動することに対し苦手意識がある、「できる・できない」がはっきりと可視化される体育の授業にコンプレックスを抱える学生が増えてきているのではないだろうか。現場の教師も同様の傾向であるとされている。ある調査では、体育の指導が得意と答える教師は1割程度で残りの9割の内、半分くらいの教師は体育の指導が苦手と答えたとされていた。こうした苦手意識を生む要因は単純なものではなく、様々なものがあると考える。

　鈴木直樹（2021）は、「主体的・対話的で深い学び」と「よい体育授業」という2つの観点から求められる教師の指導行動について「大事なことは本や指導資料などに書かれている方法をマニュアルとしてそのまま取り入れるだけではなく、変わり

ゆく社会の現状と子どもの様子を感じ取り、自らの意思で選び工夫して取り入れた
り、新しい教材や指導法を生み出したりすることができるよう、教師も学び続けて
いくことが求められる」としている。

　梅野（2018）は、アクティブ・ラーニング時代に求められる体育教師を次の4点
にまとめている。

①子ども一人ひとりの差異を個性として認め、子どもの学びを信じる教師
②子ども一人ひとりで異なる運動感覚に根ざした指導助言により、みんなをうま
　くさせる教師
③子ども自らでルールを改変させたり、練習方法を工夫させたりして、〈わかる
　―できる〉を自力で統一させる教師
④子どもの思いや考えさらには心情の探りとその工夫を常としている教師

　上條（2018）は「能動的に子どもたちが活動し、主体的・対話的で深い学びを展
開していくためには、子ども任せではなく、主体的な授業に至るまでに、必要なこ
とを教師がしっかりと指導し、子どもたちが考えたり、工夫したりできるようにす
るための基礎的な知識や技能を育んでいくことが必要」とし、「教師の適切な指導
があってこそ、アクティブなラーニングが実現できる」としている。「教師の指導
性と子どもの主体性は、対立するものではなく、単元や題材の大きなまとまりの中
で、学習の深まりに応じて、主体的に学習を進めていく場面、対話的な学習を展開
していく場面と、学びを深めるために教師が指導性を発揮して教える場面をどのよ
うに組み立てるか、といった視点で実践していくことが必要である」としている。

　変化の激しい現代社会の現状と、そのような社会を生きている子どもたちに対
し、「主体的・対話的で深い学び」を実現するためには、体育授業での指導技術や
知識の一方向的な伝達ではなく、よりよい体育授業の在り方を様々な学びを通して
自分自身で考えていくことができる学生を養成していくことが重要である。体育の
授業を教える教師こそがアクティブ・ラーニング、すなわち「主体的・対話的で深
い学び」が求められているといえる。

【引用参考文献・研究】

八塚真明・日高正博・後藤幸弘（2020）「『アクティブ・ラーニング』による体育学習プログラムの作成に向けての基礎的研究」『宮崎大学教育学部附属教育協働開発センター研究紀要』28号、211-219頁。

岡野昇（2015）「アクティブ・ラーニングは体育の学びをどう変えようとしているのか」『体育科教育』63巻7号、16-19頁、大修館書店。

白旗和也（2015）「現行学習指導要領とアクティブ・ラーニング」『体育科教育』63巻7号、20-21頁、大修館書店。

鈴木秀人（2015）「教育現場に見られる矛盾」『体育科教育』63巻7号、24-25頁、大修館書店。

鈴木直樹編著（2021）『主体的・対話的で深い学びをつくる！教師と子どものための体育の「教科書」中学年』明治図書。

太田泰貴・阿部隆行・鈴木直樹（2017）「体育授業における教師の役割に関する研究動向ー『実践コミュニティ』を手がかかりにしてー」『東京学芸大学紀要　芸術・スポーツ科学系』69、131-135頁。

高橋健夫・岡出美則・友添秀則・岩田靖編著（2010）『新版体育科教育学入門』大修館書店。

梅野圭史・中島誠・後藤幸弘・辻野昭（1997）「小学校体育科における学習成果（態度得点）に及ぼす教師行動の影響」『スポーツ教育学研究』Vol.17-1、5-27頁。

鈴木直樹編著（2021）『主体的・対話的で深い学びをつくる！教師と子どものための体育の『教科書』低学年』明治図書。

鈴木秀人・山本理人・杉山哲司編著（2009）『小学校の体育授業づくり入門』学文社。

鈴木直樹・成家篤史・石塚諭・大熊誠二・石井幸司編著（2019）『アクティブ・ラーニングで学ぶ小学校体育の授業づくり』大学教育出版。

梅野圭史（2018）「アクティブ・ラーニング時代に求められる体育教師の資質・能力とは」『体育科教育』66巻3号、20-23頁、大修館書店。

上條眞紀夫（2018）「問い直される『教師の指導性』と『子どもの主体性』」『体育科教育』66巻3号、24-27頁、大修館書店。

第6章　道徳の理論及び指導法における
アクティブ・ラーニング

丹下　悠史

I　道徳の教科化とアクティブ・ラーニング

　2015年3月に公示された学習指導要領において、小・中学校で行われてきた「道徳の時間」は「特別の教科　道徳」（以下、「道徳科」という）となった。主要な変更点として、検定教科書および指導要録における記述式評価の導入に並び、指導・学習に関しても抜本的な改善、すなわち「考え、議論する道徳」への転換が期待されている。

　道徳科の設置が示された学習指導要領一部改訂は、「主体的・対話的で深い学び（「アクティブ・ラーニング」）」が強調された2017年3月の全面改訂に2年先んじてのことである。「考え、議論する道徳」を目指す道徳科には、アクティブ・ラーニングの視点がどのように関わっているだろうか。

　道徳教科化の直接的な契機は、2013年の教育再生実行会議による「いじめ問題等への対応について（第一次提言）」である。いじめに対する制度的・組織的な予防策・対応策の整備に並び、根本的な対策として「道徳を新たな枠組みによって教科化し、人間性に深く迫る教育を行う」ことが提言された。これまでの「道徳の時間」は「指導内容や指導方法に関し、学校や教員によって充実度に差があり、所期の目的が十分に果たされていない状況にあ」るとの指摘から、教科という枠組みにおいて「教材を抜本的に充実する」ことや「効果的な指導方法を明確化する」ことが求められた。

　この提言を受けて設置された「道徳教育の充実に関する懇談会」において、道徳教育の充実方策が検討された。そこでは道徳の指導法について、「道徳的実践力」を育成するために「実生活の中でのコミュニケーションに係る具体的な動作や所作の在り方等に関する学習、問題解決的な学習」の導入が提言された（道徳教育の充実に関する懇談会 2013）。

　これらの提言をふまえ、中央教育審議会道徳教育専門部会における検討にもとづき出された「道徳に係る教育課程の改善等について（答申）」では、指導方法の改善方針が次のように述べられている。

　　道徳教育においては、児童生徒一人一人がしっかりと課題に向き合い、教員や他の児童生徒との対話や討論なども行いつつ、<u>内省し、熟慮し、自らの考えを深めていくプロセス</u>が極めて重要である。また、特に社会を形成する一員としての主体的な生き方に関わることなどについては、<u>実際に現場での体験活動を行うなど、行動を通して実感をもって学ぶこと</u>も重要である。このことを踏まえ、「特別の教科道徳」（仮称）においても、そのねらいの達成に向け、<u>言語活動や多様な表現活動等を通じて、また、実際の経験や体験も生かしながら、児童生徒に考えさせる授業</u>を重視する必要がある。互いの存在を認め尊重し、意見を交流し合う経験は、児童生徒の自尊感情や自己への肯定感を高める上でも有効と考えられる。　　　　　　（中央教育審議会（2014）（下線部は筆者による。））

前述の懇談会の提言内容に重なり、学習の形態を示す言葉が多く用いられ、児童生徒が自らの考えを外化し、それらを取り入れ合いながら学ぶことが強調されている。着目したいのは、アクティブ・ラーニングの手立てとして一般に理解されている指導法（「対話や討論」「現場での体験活動」「多様な表現活動」等）が、児童生徒の内面的な変容（「内省し、熟慮し、自らの考えを深めていく」「実感をもって学ぶ」「実際の経験や体験も生かしながら、児童生徒に考えさせる」等）と関連づけられ、その手立てとして説明されていることである。ここには、本書の第1章（4、5頁）において指摘されている、主体的・対話的で深い学び（アクティブ・ラーニング）における重要な視点としての、学習者の側から学びの成果を捉えるということが確認できる。

　この答申にもとづき設置された道徳科のキーワードが、「考え、議論する道徳」であった。中央教育審議会が2017年版学習指導要領の方針を示した答申においても、道徳科と「主体的・対話的で深い学び」との関係について以下のように説明されている。

　　道徳教育においては、他者と共によりよく生きるための基盤となる道徳性を育むため、<u>答えが一つではない道徳的な課題を一人一人の児童生徒が自分自身の問題と捉え、向き合う「考え、議論する道徳」</u>を実現することが、「<u>主体的・対話的で深い学び</u>」を実現することになると考えられる。

　　　　　　　　　　　　　　　（中央教育審議会 2016（下線部は筆者による。））

　道徳の教科化は、いじめという日常的・実践的課題への対応に端を発していた。そのために道徳的実践力の育成が要請され、資料中の人物の心情理解を中心とし、ともすればそれに終始してしまう「読み物道徳」が課題視された。そして、自らが道徳的問題の解決に向けて思考を働かせ、そうした課題解決に他者と協同的に取り組むことが重視された。いじめへの対応の一環として、全面改訂よりも一足先に進められた道徳の教科化だが、育成したい資質やそのために実現したい学びの姿は、主体的・対話的で深い学び、その手立てとしてのアクティブ・ラーニングの視点に重なっている。そのことから、「考え、議論する道徳」は、アクティブ・ラーニングのいわば先遣隊と捉えることができるだろう。

Ⅱ　「考え、議論する道徳」の指導方法と教員養成課程の課題

1　道徳科の「質の高い多様な指導方法」

　それでは「考え、議論する道徳」においては、どのような指導・学習の方法が構想されているだろうか。「道徳教育に係る評価等の在り方に関する専門家会議」(2016) による報告において、従来の道徳の指導方法の課題および「質の高い多様な指導方法」が明確化されている。

　道徳の時間の指導上の課題として、同報告では「主題やねらいの設定が不十分な単なる生活経験の話合い」や「読み物の登場人物の心情の読み取りのみに偏った形式的な指導」が行われてきたことが指摘されている。また、その背景には「導入・展開・終末」からなる指導過程の「型」が、主題やねらいの設定が不十分なままに実践されるという、固定化・形骸化が起きていたのではないかと分析されている。

　その上で、同会議が提示する「質の高い多様な指導方法」は、表6-1に示す通りである。

　表6-1に示された指導方法のうち、「(1) 登場人物への自我関与が中心の学習」は、資料の読み取りが活動の中心となることから、従来の道徳の時間においていわば主流であった指導方法を明確化したものだと考えられる。それに対して「(2) 問題解決的な学習」「(3) 道徳的行為に関する体験的な学習」は、「考え、議論する」というキーワードに代表されるような、より問題解決的かつ探究的な学習を想定していると言えるだろう。

　教師は以上の内容をどのように活用すべきだろうか。3つの指導方法は、全ての

表6-1　道徳科の質の高い多様な指導方法

指導方法	説明
読み物教材の (1) 登場人物への自我関与が中心の学習	教材の登場人物の判断や心情を自分との関わりにおいて多面的・多角的に考えることを通し、道徳的価値の理解を深めることについて効果的な指導方法であり、登場人物に自分を投影して、その判断や心情を考えることにより、道徳的価値の理解を深めることができる。
(2) 問題解決的な学習	児童生徒一人一人が生きる上で出会う様々な道徳的諸価値に関わる問題や課題を主体的に解決するために必要な資質・能力を養うことができる。問題場面について児童生徒自身の考えの根拠を問う発問や、問題場面を実際の自分に当てはめて考えてみることを促す発問、問題場面における道徳的価値の意味を考えさせる発問などによって、道徳的価値を実現するための資質・能力を養うことができる。
(3) 道徳的行為に関する体験的な学習	役割演技などの体験的な学習を通して、実際の問題場面を実感を伴って理解することを通して、様々な問題や課題を主体的に解決するために必要な資質・能力を養うことができる。問題場面を実際に体験してみること、また、それに対して自分ならどういう行動をとるかという問題解決のための役割演技を通して、道徳的価値を実現するための資質・能力を養うことができる。

（出所）道徳教育に係る評価等の在り方に関する専門家会議（2016）より筆者作成。

授業においてこれらのうちから１つを選びそのまま実施することが直ちに推奨されているわけではない。同報告において、これらの方法は「多様な指導方法の一例であり、指導方法はこれらに限定されるものではない」こと、「それぞれが独立した指導の『型』を示しているわけではな」く、「それぞれの要素を組み合わせた指導を行うことも考えられる」と説明がなされている。一方で、同報告はまたそれぞれの方法の具体例として、導入・展開・終末から成る授業の流れを提示してもいる。それぞれの方法はねらいにとって必然性をもったつながりがある諸活動から構成されるものとして示されているのであり、「それぞれの要素を組み合わせた指導」が認められているものの、それには明確な意図にもとづく十分な考察が必要とされるだろう。以上をふまえれば、とりわけ教員養成段階の学生や初任者については、各指導方法を固定されたものとして捉えずあくまで「例」であることを明示しつつ、差し当たり自らが実践を計画し実施する際の「型」とすることが妥当ではないだろうか。

2　「考え、議論する道徳」に向けた教員養成課程の課題

　それでは、「考え、議論する道徳」を実現する上で、教員養成の段階にはどのような課題があるだろうか。第一に取り上げたいのは学習者の被教育経験である。養成課程の学生や経験の少ない教員にとっては、「教職志望者」として養成課程等で

学んだ時間に比べ、児童生徒として過ごした時間が圧倒的に長い。被教育者として
の経験は教師としてイメージする実践像に大きな影響を及ぼすだろう。「道徳の時
間」は先述の通り「指導内容や指導方法に関し、学校や教員によって充実度に差が
あり、所期の目的が十分に果たされていない状況」が課題として指摘されていた。
大学生を対象とした小・中学校の「道徳の時間」の印象に関する調査研究において
も、否定的な印象のみならず、内容を覚えていなかったり他教科の学習に変更され
る等「道徳の時間」として想定されるような学習を経験していなかったりする学生
が少なくないことが明らかになっている（東京学芸大学 2014）。

　第二に、学習時間の相対的な短さである。小・中学校の教職課程において道徳科
の指導について学ぶ科目は通常1科目2単位である。取り扱う内容と指導法のそれ
ぞれに対応した科目がある他の教科に比べると、大学で学ぶ機会はとても限定的で
ある。

　つまり、ほとんどの学習者にモデルにできるような学習経験があるといった想定
はできず、かつ指導の内容や方法を学習する機会も十分とは言い難い。加えて今回
の教科化は「考え、議論する道徳」に向けて、より問題解決的で探究的な学習スタ
イルを要請している。現職の教員も喫緊の対応に苦慮している中で、教員養成段階
において必要とされる知識やスキルを習得するハードルは高いと言えよう。

Ⅲ　実践事例：アクティブな学びをアクティブに学ぶ

1　実践の概要

　以上の課題意識をふまえて、筆者が計画・実施した実践を報告する。

　対象とする実践は教育学部3年生を対象とした科目「道徳教育の指導法（小学
校）」である。本実践は2023年度4月から8月にかけて行われ、受講生は24名（3
年生22名・4年生2名）であった。

　なお、データの収集にあたっては、下記の対策について筆者の所属校における研
究倫理委員会による審査を受け承認されている（承認番号：愛東研第202301号）。受
講生には個人情報保護等のデータの取り扱い、保管方法、研究成果の公開方法、研
究協力が成績評価に無関係であることについて、書面および口頭で筆者が説明し
た。その上で同意書の提出があった受講生についてのみ、研究協力者としてデータ
を活用した。

表6-2　実践事例の授業計画

回	単元	テーマと概要
1	理論編 道徳教育の理論・歴史・制度	本授業の概要、道徳の学習経験の振り返り
2		道徳の本質に関する諸理論
3		子どもの道徳性の発達
4		道徳教育の歴史（1）：明治期〜戦後期の道徳教育
5		道徳教育の歴史（2）：「道徳の時間」の特設から
6	実践編① 道徳科の指導法	道徳科の設置、教育課程上の位置づけ、授業の構成要素
7		道徳科の指導法（1）：登場人物への自我関与が中心の学習
8		道徳科の指導法（2）：問題解決的な学習
9	実践編② 道徳科の計画・実施・評価	道徳科の指導案作成（1）
10		道徳科の指導案作成（2）
11		指導案の相互評価
12		模擬授業（1）
13		模擬授業（2）
14		授業記録の作成
15		授業の分析・評価

　授業の全体計画を表6-2に示す。

　全15回の授業は、理論編：道徳教育の理論・歴史・制度（1〜5回）、実践編①：道徳科の指導法（6〜8回）、実践編②：道徳科の計画・実施・評価（9〜15回）の3段階の単元から構成される。上記の課題への対応として、すなわちレディネスの個人差と学習機会の少なさという条件下において学習者主体の指導に向けた基礎的な能力を育成することに焦点を当て、授業を構成した。以下では対応の方針と活動について、2点に絞り詳述する。

2　実践のねらいと活動の実際

（1）授業事例に即した指導法の学習

　第一に、指導法を学ぶ段階において、授業実践の事例から学ぶ機会を設けることである。授業実践は状況把握・対応といった即興性により特徴づけられる。そのため教師の学習には、教科内容や方法に関する系統的な知識のみならず、具体的な経験やその省察により形成される経験知を積み重ねることが重視されている（姫野2016）。受講生は、即興的な判断のリソースとなる内容や指導法に関する個々の知識を習得する段階にあるが、一方でそれらがどのように生きて働くかを授業そのも

のから学ぶことが大切である。

　そこで、第 7 回と第 8 回では、道徳科の「効果的な指導法」である「登場人物への自我関与が中心の学習」と「問題解決的な学習」について、講義とともに、それぞれの方法の実践事例にもとづき学ぶ活動を行った。

　3 つの指導方法から 2 つを選び指導したのは、初学者が道徳授業の実践力を身につける上では「(1) 登場人物への自我関与が中心の学習」が最も基底的であると考えるためである。前述の専門家会議報告において、この指導法は「登場人物への心情理解のみの指導」に陥る場合があると指摘されている。しかし、「登場人物の心情」を、その背景である資料に描かれた具体的な状況を含め共感的に理解することは、問題解決的・探究的な学びを実質的なものとする上で極めて重要だろう。「(2) 問題解決的な学習」「(3) 道徳的行為に関する体験的な学習」の説明においても道徳的な問題について「なぜ問題となっているのか」や「何が問題になっているか」、「登場人物の葛藤」を理解することが求められている。つまり、実生活における問題解決や道徳的価値の実現につながるような学習のためには、課題となっている道徳的問題が実生活上の状況に近似するよう具体的に認識できることが必要である。したがって、(1) の指導方法をはじめに学ぶことが、(2) (3) の指導方法の学ぶ上でも有効であると考えた。

　また、(2) (3) の指導方法については、荒木紀幸らがコールバーグの道徳性発達理論にもとづき開発した「モラル・ジレンマ授業」を「型」として紹介した。「モラル・ジレンマ授業」は資料中の人物の立場に立って自ら判断すること、すなわち役割取得を学習活動の基調としている。これを、指導法 (2) に該当しており、役割演技を通した疑似体験的な活動を行う指導法 (3) の特性をも有した指導法として位置づけた。

　以上の指導法について、これらを講義と、授業事例を題材とした活動を通して指導した。指導法 (1) については、文部科学省 (2017) が作成している Web サイト「道徳教育アーカイブ」に掲載されている実践事例の授業映像を事例として、教師の発問とその意図、話し合いの展開を個人とグループで考察するワークを実施した（表 6-3）。

　指導法 (2) については、1 時間完結のモラル・ジレンマ授業（藤澤 2019）を授業担当者（筆者）が実施し、受講生は児童役として授業に参加した後に、授業を通して考えたことや学んだことを振り返った。

表 6-3　「登場人物への自我関与が中心の学習」に関する学習活動のワークシートの設問

分析課題：道徳授業アーカイブ　授業映像
(https://doutoku.mext.go.jp/html/about.html#movie)
小学校第 3 学年　「雨のバス停留所で」

(1)　発問構成を確認しよう
　　この授業で教師はどのような発問をしていたか、表を埋めて答えましょう。
※資料内容の確認のための補助発問は除く。テロップで表示された発問について、できるだけ
　教師の発言そのままを記入すること。
※それぞれの発問の分類も記入すること。（A：共感的／B：分析的／C：投影的・自己置換
　的）／D：批判的（講義資料参照））

(2)　主発問からの展開を丁寧に見てみよう
　　以下の表の場面について、教師や子どもの発言を記入しましょう。
※教師の指導言に続いて、話し合いの中でどのような意見や考えが出されたかをまとめる。で
　きるだけ児童が使った言葉はそのまま引用すること。

(3)　子どもの発言をふまえて、授業のねらいを考えよう
①主発問の追求の中で、教師は「習ってない／聞いていない／書いていない　決まり」という
　言葉を繰り返し発していたが、それはなぜだと考えるか。(2) で確認してきた内容を元に考
　えなさい。(200 字以上)

②主発問の前後の発問の役割・はたらき・機能を、主発問の追求との関わりに注目して述べな
　さい。(200 字以上)

（２）学習者の視点に立った実践の計画・実施・評価のための工夫

　第二の対応方針は、「考え、議論する道徳」を目指す上で、外型的な指導法にの
み拘泥せず、常に学習者（ラーナー）の視点に立ちながら授業を計画・実施・評価
できるようになることである。

　昨今のアクティブ・ラーニングの興隆の背景には、受動的・知識中心主義的な学
習への批判がある。一方、アクティブ・ラーニングを志向した指導においても、学
習者に生起する内面的な理解の質が問われなければ形骸的な「活動主義」に陥りう
ることが指摘されている（松下ほか 2015）。この指摘に照らすと、本実践において
も指導法の事例が指示や発問の技法や活動の順番として形式的に理解されるのみに
留まることが懸念される。

　そこで、アクティブ・ラーニングの意義をあくまで児童生徒の学習成果との関連
において認識するための活動を組織した。授業改善や教師の力量形成のために、授
業中の発言や行動、記述といった子どもの学びに関わる諸事実を丹念に検討するア
プローチとして、重松鷹泰、上田薫らが開発し展開してきた「授業分析」がある
（重松・上田・八田 1963）本実践ではこの方法にならい、児童の発言に着目し、その

背後にある思考や認識の深まり（学習成果）を読み取ることで授業の意義の解明を試みた。

　具体的な手立てとして、第一にⅢ-2（1）で述べた「登場人物への自我関与が中心の学習」の事例検討において、授業映像における教師と児童の話し合いを記録し、記録された具体的な発言の内容にもとづいて授業を通して学ばれたことや教師の授業づくりの意図を考察するようにした（表6-3）。はじめに教師の発問を確認し、主発問から展開した話し合いを記録した上で、その話し合いの内容から、発問によって児童に気づかせたい・考えさせたい内容を個人で考えた後にグループで共有した。

　第二に、授業の後半にあたる学習指導案の作成と模擬授業の実施において、行われた模擬授業の逐語記録を作成し、記録の内容にもとづき児童の学習成果に着目して授業を分析・評価する課題を設定した。指導案の作成から模擬授業の実施、評価に関わる活動の流れと使用した資料の一部を表6-4 ～ 6-6に示す。

Ⅳ　学習成果：学習者の視点に立った授業の評価に着目して

　前節で紹介した実践について、「学習者の視点から授業を評価できているか」という視点から、受講生の成果物を検討していく。

1　道徳科の授業事例の分析・評価から

　道徳科の指導法の学習の一環として授業映像にもとづき「登場人物への自我関与が中心の学習」の分析に取り組んだ（Ⅲ-2（1））。表6-3に示した通り、教師の発問、主発問をめぐる話し合いの内容を確認した上で、「主発問の追求の中で、教師は『習ってない／聞いていない／書いていない　決まり』という言葉を繰り返し発していたが、それはなぜだと考えるか」と問うた。この問いは、話し合い中の発言を元に、教師のはたらきかけによって児童にいかなる思考が生起していたかを考察することを意図したものである。以下は、学習者の視点から教師の発言の意図や必然性が説明されていた2名の記述である。

【受講生A】

　ルールや決まりを裏づけるのは人の気持ちや考えであり、それを周囲の人たち

表6-4　模擬授業の計画・実施・評価に関する活動の流れ

回	テーマと概要	活動内容
9	道徳科の指導案作成（1）	今後の活動の流れ、指導案の作成方法、用いる資料を理解し、個別に指導案を作成した。受講生は4名から成る6つの班に配属され、同班の学生は同じ資料を題材とした。
10	道徳科の指導案作成（2）	
11	指導案の相互評価	班内で班員の作成した指導案を相互評価した。評価は観点別の数値評価とコメントから成り、班内で数値評価の合計点数が最も高かった受講生が、模擬授業で教師役を担う班代表となる。
12	模擬授業（1）	班代表の受講生が教師役、教師役と同じ班の受講生が記録係、他の班の受講生が児童役となり、指導案の展開部分のみ25分の模擬授業を行った。
13	模擬授業（2）	
14	授業記録の作成	班代表が行った模擬授業の記録（録音・手書きの速記録）にもとづき、班ごとに授業の逐語記録（表6-5）を作成した。
15	授業の分析・評価	逐語記録にもとづく模擬授業の分析・評価（表6-6）について理解し、期末試験中の問いの解答としてその成果をまとめる準備を各自で行った。

表6-5　模擬授業の逐語記録（受講生の提出物）の一部

分節	発言番号	発言者*	発言内容	時間
1	1	T	はい、えーっと、今シシャモとにらめっこというお話を読んでもらいました。このお話短いお話で、えーっと、ちょっと絵もないからみんなが理解しているかどうかの確認をしたくて、わかんない子たちもいると思うからわかってる子たちちょっと出てきた人たちをあげてってほしいんだけど、誰が出てきた？	0:00
1	2	S	あきら	0:21
1	3	T	あとは誰が出てきたかな	0:25
1	4	S1	あきらのお母さん	0:33

(注)＊発言者を示す記号の意味は次の通り。T：教師、S：特定できなかった児童、S1：特定の児童（数字で同一の児童であることを表す）。

表6-6　模擬授業を分析・評価する課題

課題	班代表の道徳科の模擬授業を振り返り、具体的な発言や活動にもとづいて授業を分析しなさい。分析の視点、書き方は次の通りとする。
分析の視点	(1) 主題についての学びの深まり 登場人物への共感的理解／主題の大切さの理解／主題についての認識の変容／主題の価値の実現の難しさに対する認識の深まり　など (2) 子ども同士の学び合い 児童発言の影響関係／教師のはたらきかけ（理解の手助け、ゆさぶり、位置づけ、関係づけ）　など
書き方	・具体的な発言や活動を取り上げ、これらを根拠に分析する（「○○という発問に対して△△さんが□□と答えたことから〜〜」など）。 ・実践の価値評価、すなわち授業の良し悪しや改善案を提示する必要はない。授業の中で現に起きたことにもとづき、その意味を明らかにして表現することが目的である。

の思いと願いをすり合わせ、考慮をして、それなら、どうするべきなのか、どのような決まりがあると良いか考えることによって、どのような影響や必要性があるかについて考える。

【受講生 B】

　教師がそのような言葉を繰り返していたのは、社会の中の決まりが自分だけでなく周囲の人々のことも考えているからこそ成り立っていることを実感してほしいというねらいがあるからだと考える。また、普段何気なくしている行為は相手を思いやる気持ちがあることで育つものだということに気づいてほしいのではないかと思った。

　いずれの記述も、児童に至らせたい思考や認識を根拠に、「なぜ」かを考察することができている。また、その内容について、いずれの記述においても明示されていない決まりの根拠が「人の気持ちや考え」「周囲の人々のことも考えているから」と、身の周りの他者（の気持ち、希望など）にあると説明されている。このことは教師の指導言そのものには含まれていない。受講生は、学習者を主語として表現される学習成果との関連において、教師のはたらきかけの意図を構成したと言えるだろう。

　さらに、受講生 B の記述では、「普段何気なくしている行為は相手を思いやる気持ちがあることで育つものだということに気づいてほしいのではないか」と、資料の内容を超えた授業のねらいについても指摘している。教師は、教育内容や方法に関する一般的・理論的知識を適用するのみならず児童の育ってほしい姿を思い浮かべ、実践を計画し実施する。この指摘からは、B がそうした教師と同様の視点を持って授業を見ていることがうかがわれる。

2　学生による模擬授業の分析・評価から

　指導案の作成と模擬授業の実施・評価から成る授業の計画・実施・評価の学習のまとめとして、自身の班の代表が行った模擬授業の記録を分析した（Ⅲ-2（2））。表 6-6 に示した通り、授業の価値的な評価（良いか悪いか）や、改善案の提示をする必要はないと説明し、あくまで授業において学習者に生起した思考や認識を明らかにすることが目的であると説明した。ここでも、学習者の視点から教師のはたら

きかけの意義や効果を考察できていたと見られる２名の回答を取り上げたい。長文になるが、授業内の個々の具体的事実をつなぎ合わせて分析しているかが重要であるため、そのまま引用する。

【受講生Ｃ（資料：「『正直』五十円分」）】

この模擬授業は正直、誠実について考える授業である。分節５の「お釣りを返してもらった二人はどんな気持ちだったかな」という教師の発問によってａさんが「損するところだった」ｂ君の「返ってきてよかった」という発言をしたことから児童がたけしとひろしの気持ちを十分に捉えていることが分かる。分節８の「お釣りが多かったときのたけしはどんな気持ちだった」という発問と９の「ひろしの気持ちはどうだった」という発問では前者の発問はＳの「すぐに返そうとはならなかった」「もらってしまおうかと考えている」後者の発問ではａさんの「お兄ちゃんがどうするか待っている」「あまりうれしいと思わない」という発言をしたことからお釣りが多いという自分にとってはプラスの状況になるとたけしとひとしの気持ちに違いがみられ、児童はその変化に気づいていると捉えた。この発問があることによって今度は分節11の「自分がもしこの状況におかれたらどうする」という発問をすることで今までたけしとひろしを客観的に見ていたがそれを自分事として捉え現段階での正直、誠実に対する自分の考えをもつことへつながっていると考える。児童の中にはｃ君の「もらいます」、ｄさんの「百円だったら返すけど五十円だったらもらう」という発言がそれを表していると考える。また、児童同士の発言としてｅ君が「五十円を返さないやつは百円も返さない」という発言をしていたことから、お金の価値や周囲に流されることなく正直、誠実について自分なりに考えるという指導観へ近づいていることが分かる。そして分節14の「五十円を返した二人はどんな気持ちだったかな」という教師の発問によってｆ君が「清々しい」、ｇさんが「返してよかった」と発言していたことから、日常生活の中で正直に行動することの大切さに気づくことができるようになっていると理解できる。それに関連して今度は分節15の「おっちゃんの気持ちはどうだろう」という発問によってｆ君が「正直に返してくれて嬉しい」、ｃ君が「こんなことが起きると思わなかった」と発言したことから正直に行動することは自分だけでなく他者にも良い影響を与えることに気づいていると捉えた。そして分節19の「たこ焼きを食べる場面はどこだったっけ」と発

問によって発言番号142のSや143のc君のように児童同士で場面を想像することを通して、gさんが「②では普通のたこ焼きだけど、④ではおっちゃんのうれしい気持ちが上乗せされた」と発言していたことから、最終的なねらいである正直、誠実に行動することの大切さを児童自身が自覚できるようになったと考える。

【受講生D（資料：だれのラジコン）】

発言番号1〜96までは、本時のテーマである、公正・公平・社会正義に沿った授業が行われている。

57番の教師の発問により、現在起こっていることの認識、太郎の言動を理解することができる。そして、けんじの気持ちとまさおの気持ちを考えながら授業が進んでいっている。

また、59番で太郎があげたラジコンの所有権は、だれのものになるのかと思える発問であり、太郎、けんじ、まさおのそれぞれに今置かれている状況を理解できる言葉がけ、発言の仕方であると考える。けんじと約束していたはずのラジコンは、太郎の独断で、まさおの物になってしまっているので、太郎が悪いのかすぐに直さなかったけんじが悪いのだろうかと考えられる。

そして、75番のところで、「太郎はどうするべきだったか」という発問がワークシートでなされている。児童からのそれぞれの返答は、「けんじに対して、なぜあげたのか理由を言う」や「まさおにあげてもいいかけんじに聞く」や「まさおにけんじにラジコンを返してあげてほしい」という意見が出た。そのどれもがどちらかに意見を聞いて確かめることが前提とされている返答ばかりだった。

このことから今回のテーマになっている、公正、公平、社会正義に沿った授業が構成されていると考えられる。

それぞれの意見を考えて、公正、公平に判断して物事を考え、人の気持ちだけではこの問題は解決することはできないと認識することができ、ではそれらをどうするべきなのかを深いところまで考えることのできる授業内容であると考えられるので、良い授業だったと感じる。

いずれも、ねらいとなる内容項目、教師の発問、児童の発言や記述を関連づけた考察が見られる回答である。

　受講生Ｃの回答では、資料の登場人物の心情を考えるための発問と、児童が登場人物の立場・状況に自らを置き換えて考える発問の役割を、児童の発言にもとづき分析している。その上で、後者の発問についての追究を、「お金の価値や周囲に流されることなく正直、誠実について自分なりに考えるという指導観へ近づいている」と意味づけている。さらに、物語の後半に関する話し合いから、「おっちゃんの気持ちはどうだろう」「たこ焼きを食べる場面はどこだったっけ」という発問からの展開に着目して、児童がどのように「正直、誠実」の良さ（価値）を実感的に理解したかを読み解いている。

　受講生Ｄの回答では、前半は授業展開を概括的に捉えるにとどまっている。しかし、発問「太郎はどうするべきだったか」から始まる展開に対し、児童の発言から、その背後にある思考の特徴（「どちらかに意見を聞いて確かめることが前提とされている」）を発見し、そこにねらいである「公正、公平、社会正義」の理解の深まりを見出している。

3　本実践の成果と課題

　以上、受講生の学習成果物にもとづき、本実践の目標がどのように達成されているかを検討してきた。書かれた内容からは、学習者（ラーナー）の視点に立ちながら授業を計画・実施・評価する姿勢が読み取れた。

　ただし、取り上げた成果物は実践の方針に沿った思考や認識が顕著に表れているものであり、設定された目標に至っていないと思われるものも相当数あった。そうした回答の傾向を挙げると、1の授業映像の分析課題では、児童の視点ではなく一般的な教授技法として発問の意義を説明したり、児童の視点からの記述にはなっているが、課題文の反復や言い換えにとどまり自らの考察を表現できなかったものがあった。2の模擬授業の分析・評価では、ほとんどの回答が「具体的な発言や活動を取り上げ、これらを根拠に分析する」という指示に沿って書かれていたものの、話し合いの展開を時系列順に記すにとどまり、その背後にある児童の思考や認識の深まり、ねらいとの関わりを考察するに至らなかったものが見られた。

　指導の有効性を検証し改善点を発見するためには、網羅的な分析や一人の受講生の複数の成果物を関連づける分析が必要であると考えられるが、本稿は状況証拠として一部の成果を提示するにとどまった。

　実践上の課題として今後検討が必要だと思われることは、授業実践の機会を受講

生にどう確保するかである。本実践では、一つの事例を深く考察することを重視し、記録の作成等の都合から、一部の学生のみが模擬授業の教師役となった。しかし、自ら授業を行ったかどうかは、それを省察することで得られる経験知に違いをもたらすと考えられる。限られた時間の中で、受講生が「考え、議論する道徳」の指導のための基礎的な知識・技能を身につけることを保証することがいかにして可能か。今後は受講生による授業評価等も手がかりにしながら検討を続けたい。

【引用文献】
教育再生実行会議（2013）「いじめ問題等への対応について（第一次提言）」。
道徳教育の充実に関する懇談会（2013）「今後の道徳教育の改善・充実方策について（報告）―新しい時代を、人としてより良く生きる力を育てるために―」。
中央教育審議会（2014）「道徳に係る教育課程の改善等について」。
中央教育審議会（2016）「幼稚園、小学校、中学校、高等学校及び特別支援学校の学習指導要領等の改善及び必要な方策等について」（答申）。
道徳教育に係る評価等の在り方に関する専門家会議（2016）「『特別の教科 道徳』の指導方法・評価等について」（報告）。

重松鷹泰・上田薫・八田昭平編著（1963）『授業分析の理論と実際』黎明書房。
東京学芸大学（2014）「過去の道徳授業の印象に関する調査―教職科目「道徳の指導法」の受講学生を対象として―〈結果報告書〉」。
姫野完治（2016）「教師として学び続ける―教師の成長と信念―」生田孝至・三橋功一・姫野完治編著『未来を拓く教師のわざ』一莖書房、197-224頁。
荒木寿友・藤澤文編著（2019）「道徳的認知」荒木寿友・藤澤文編著『道徳教育はこうすれば〈もっと〉おもしろい―未来を拓く教育学と心理学のコラボレーション―』北大路書房、90-103頁。
松下佳代・京都大学高等教育研究開発推進センター編（2015）『ディープ・アクティブラーニング―大学授業を深化させるために―』勁草書房。
文部科学省（2017）「道徳教育アーカイブ」https://doutoku.mext.go.jp（2024年1月10日最終閲覧）。

第7章　教育実習の事前事後指導における
アクティブ・ラーニング

水野　正朗

I　教育実習の意義

1　なすことによって学ぶ

　教育実習生の学びは、「なすことによって学ぶ」（Learning by doing）ことを本質とする。学生が体験的な活動を通して学び、その経験をさらに高い次元に再構成することを促すこと（広義のアクティブ・ラーニング）は、教員養成のあらゆる領域で重要であることは、本書の第1章から第6章においてさまざまな角度で論じられてきた。このような「なすことによって学ぶ」ことの集大成として位置づくのが、教育実習である。

　教育実習は、将来教師を目指す学生が一定の期間、学校教育の実際の場で、経験豊かな教師の指導を受けながら、児童・生徒と直接接触し、実際の教育活動を自ら体験する。学生は、こうした実践的体験を通して、学校教育全般にわたって主体的な理解を深めていくのである。

2　教育実習の目的と目標

　教員養成の課程において、教育実習の占める割合は非常に大きいものがある。

　教育実習は、これまで学生が大学で学び研究した教育に関する理論や技術を、教育実践を通して主体的に再構成し、教育現場に適用させることであり、大学における教員養成諸科目の学習と関連させ、教育という営みをとらえ直し、併せて教育者としての自覚や、その資質の向上を図ることを目的としている。

　教職課程コアカリキュラム（文部科学省、2017）における「教育実習」の全体目標は、「教育実習は、観察・参加・実習という方法で教育実践に関わることを通して、教育者としての愛情と使命感を深め、将来教員になるうえでの能力や適性を考えるとともに課題を自覚する機会である。一定の実践的指導力を有する指導教員の

もとで体験を積み、学校教育の実際を体験的・総合的に理解し、教育実践ならびに教育実践研究の基礎的な能力と態度を身に付ける」とされている。

3 事前指導・事後指導に関する目標

教職課程コアカリキュラムにおいて教育実習の「事前指導・事後指導に関する事項」（文部科学省、前掲書）については次のように示されている。

> 一般目標：事前指導では教育実習生として学校の教育活動に参画する意識を高め、事後指導では教育実習を経て得られた成果と課題等を省察するとともに、教員免許取得までに習得すべき知識や技能等について理解する。これらを通して教育実習の意義を理解する。
> 到達目標：1）教育実習生として遵守すべき義務等について理解するとともに、その責任を自覚したうえで意欲的に教育実習に参加することができる。
> 2）教育実習を通して得られた知識と経験をふりかえり、教員免許取得までにさらに習得することが必要な知識や技能等を理解している。

このように教育実習の目標を達成するための事前指導・事後指導におけるアクティブ・ラーニングについて実例を挙げながら論じていきたい。

II　教育実習事前指導

1　学校の教育活動に参画する意識

筆者が所属する東海学園大学は、3年次秋学期および4年次春学期通年で「教育実習指導」を開講している。筆者は、スポーツ健康科学部（中高保健体育）・経営学部（中学社会・高校商業）の学生を対象とした「教育実習指導」をもう1名の教員と合同して担当している。

3年次秋学期授業では、学校の教育活動に参加する意識を高める工夫をしている。具体的な授業参加の方法として「①学習課題について個人で考える。②グループ内で意見交換・共有をする。③全体に向けて考えやアイデアを発表する。④発表内容について全体で意見交換する」、つまり「シンク・グループ・シェア」を基本型とした。必要に応じて、②をグループでなくペアで意見交換・共有する「シンク・ペア・シェア」を採用した。2022年度秋学期の受講者は61名だった。コロナ感染防止の配慮のため、マスク着用および教室内換気に留意しながらのグループ学習となった。

　アクティブ・ラーニングを成功させるために特に重要なのは学習課題である。

　第1回授業の主な学習課題は、「あなたはどんな教員でありたいですか？」「師弟共励（子どもに教えながら、子どもから教わる）（子どもの反応に学びながら、自己の成長を確かめて成長する）とはどういうことですか？」とし、多くの学生に発言を求めた。さらに、教員として求められる資質について補助資料を併用しながら学生たちに考えさせた。教員という仕事についての認識が共有され、理解が深まったところで、「教育実習の手引き」（学内作成テキスト）を用いて「教育実習についての基本的認識」を説明し、理解と遵守を求めた。さまざまな発言を関連づけながら議論を進めた。

　一連の授業の最後に「教員の心構え：もう一度考えましょう！　あなたはどんな教員になりたいですか？」という課題を出し、グループ内で意見交流し、数名の学生に発表させた。教育実習に関する認識の深まり、参加意欲の高まり、教育実習生として遵守すべき義務等の理解について、学生から以下のような発言や振り返りコメントがあった。

・教育実習をする目的や教員に必要な考え方や能力について理解を深めることができた。生徒のことを思いやり、生徒の成長を大事にする教員になりたいと思った。
・他の人の「どんな教員になりたいか」を聞いて、自分の考え以外にもたくさんの考えがあったので、もう一度深く考えてみようと思いました。
・自分の理想の教員像を再確認できた。とにかく子供との関係が大切だと思った。
・教員になるという実感を持ちました。講義の後に教育実習の目的をもう一度考え直しました。

　「どんな教員になりたいか」についての思いを学生たちが開示し合い、お互いのさまざまな考えに触れることを通して、教員を目指すことへの認識や実感が深まった。

　教員になるという実感を持つことで、教育実習の目的が明確になり、教育実習生としての義務と責任の自覚が深まると考えられる。

2　教員の一日

　学生たちの学校生活（小学校・中学校・高等学校）の経験は12年間にも及ぶ。しかし、あくまでも教育を受ける立場での経験である。今度は教員としての目線で自己の被教育経験を見直すことで、教員の仕事の理解が促進される。

そこで、ある学校を例に「教員の一日」を学生に具体的にイメージさせ、それぞれの時間帯で何をしているか、何が大切かについて想像させ、意見交換させた。

教員の一日　（1）出勤前　（2）出勤途中　（3）出勤後　（4）勤務時間

愛知県総合教育センターが発行している『令和4年度（小・中学校・義務教育学校）新しく先生となるみなさんへ』（以下、「テキスト」と表記）を抜粋して補助資料として用いた。

主な学習課題は、「①児童生徒と共に、一日を快適にスタートさせるために、どんな心構えが必要ですか？」「②どんな朝の会をしたいですか？」である。「②どんな朝の会をしたいですか？」において、グループ内で教師役と児童生徒役を設定し、ラウンドロビン形式で教師役を回し、実際に場面演技をさせた。

次の学習課題は「教師の一言：お世話になった先生を思い出してください。いまでも覚えている先生の一言はありますか？」とした。

学生からは以下のような発言や振り返りコメントがあった。

・朝の会での挨拶や健康観察から一日の雰囲気作りが始まっている。
・どうしたら一日を楽しく過ごせるのか、生徒に変わった様子がないかなど、朝の会の時点でも工夫するところがたくさんあると感じました。
・実習生を受け入れる学校目線で考えるという視点も必要と気づきました。
・なんで自分はこの先生みたいになろうと思ったのだろうと考えた。言葉の重みを再考し、多様な性格の児童生徒にどう接するのがよいかを実地で学んで、憧れる教員になれるように頑張っていこうと思います。

3　授業の計画

学生たちは教科指導法等の授業を通して指導案の作成や模擬授業を経験している。それでも、「『教科書を教える』のではなく『教科書で教える』」という基本的な構えを持って児童生徒の立場に立った教材研究をするようになることは難しい。そこで、各教科指導法等の学びを基盤にしつつ、授業の計画と実施について再考することが授業実践力を高めると考え、教育実習の事前指導においても授業の計画作成演習や模擬授業を実施することにした。

模擬授業に先立って、授業の計画における大切なポイントについて、テキストを参考にしながら、その意味や意義を学生たちに考えさせた。その具体的なポイントとは「①授業のねらいを明確にする。②児童生徒の実態を深く捉える。③教材研究をする。④指導法の研究をする。⑤評価法の研究をする」であった。

4　教材研究・発問づくり

　授業の本質は、教員が教材を通して問いかけることで、児童生徒が考え、判断し、表現するように働きかけることとも言える。したがって、教材研究は、教材を使って学ぶ対象である児童生徒の実態を踏まえて行うことが前提になる。

　「『問い―答え』の間には思考がある。『問い―思考―答え』の過程で、児童生徒は問いについて、思考し、発見する。この思考の対象が教材である」（テキスト、p.15）。したがって、「学習する内容イコール教材」ではない。

　「授業のねらいを達成するためにはどのような教材がよいのか？」「この教材で何が学べるのか？」「教材をどのように生かすのか？」という教材研究が不可欠であり、そこから発問づくりや学習課題づくりにつながっていく。しかし、教職学生に模擬授業をやらせると、教科書内容をただ解説するだけで終わりがちで、児童生徒の思考の深まりを導く「幅のある発問」「児童生徒の思考力に合った発問」「児童生徒の探究心を刺激する発問」がなかなかできない。そこで例として保健「生活習慣病の予防」を教材にして教科書の内容から発問をつくることを課題にし、1コマ90分をかけて「個人思考→集団思考（グループ）→発問アイデアの共有（教室全体）→発問アイデアの評価と改善方法の検討（グループ＆全体）」を繰り返し行った。

保健単元「生活習慣病とその予防」でどんな発問をするか。どう展開するか。

〈学生が考えた「発問アイデア」とその後の「展開」〉
・がん、心臓病、脳卒中などの病気は、いまのあなたの生活行動がその原因になるかもしれません。これらの病気が生活習慣病と呼ばれている理由を考えましょう。
・図1は「日本人の死因の割合」です。この図から何が分かりますか。
　→生徒「がん、心臓病、脳卒中で5割以上です」→これらはどんな病気ですか。
・図2は「主要3死因の死亡数の推移」です。→生徒「1950年には20万人だったのに右肩上がりに増えて70万人になっています。」→その理由はなんでしょう。
・図2は「部位別にみたがん死亡者の推移」です。何が分かりますか。→生徒「日本人の30％はがんで死亡。かつては胃がんが多かったが、今はほかの部位のがんの死亡者が増えています。」
・表1は「代表的な生活習慣病」の病名と症状です。それぞれの発症メカニズムについて調べてグループで発表しましょう。
・生活習慣病の発病を防ぐためにどうすればよいか、発表しましょう。
・自分の生活習慣についてワークシートを使ってチェックしましょう。何が問題で、どのように改善したいかを発表してください。

　学生たちは最初のうちは戸惑った様子だった。しかし、グループや全体で意見を出し合うことで、教科書の内容から問いを見つけ、問いをつないで授業を展開する感覚を次第につかんでいった。

　学生からは以下のような発言や振り返りコメントがあった。

・教科書の内容に結びつく発問を考えるということがとても難しくて、教材研究をすることの大切さを知りました。
・導入の発問からしっかりと教科書の内容に入れて、最初の発問から展開の発問までが繋がっている授業を作っていきたいと感じました。
・教師の問いかけによって生徒の反応も変わってくるため、考えさせる問いが求められます。場面や生徒の状況に合わせて適切な問いができるようにしたいです。
・指導案の作り方をより深く理解でき、発問することの大切さを感じました。発問の方法は多くあり、どんな展開にしたいのかを考えて発問することが重要ですね。
・指導案を作成する際は、なぜ今その内容を生徒に指導しないといけないのか、その教材を扱う背景をしっかりと明確にすることが大切だと思いました。

5　模擬授業演習を通じた学び

　「教育実習指導」のなかで模擬授業演習を行っている。2022 年度は受講者数の関係から 2 名から 3 名でグループを組ませ、2 展開で模擬授業を行った。学生は、学習指導案を事前に作成して教員の確認を受け、模擬授業実施後に改善した学習指導案と振り返りを提出する。

　模擬授業の時間は 1 グループ 30 分とした。授業の種類（保健／体育理論／体育実技／社会・商業）の選択と内容・教材は任意とした。各回の模擬授業後には相互評価アンケートと改善に向けた検討会を 10 分前後で実施した。

　相互評価アンケートはオンライン課題（Teams）として実施した。「A：授業構成（導入、展開、まとめ）、B：教授スキル（提示、指示・説明、発問、応答への対応）、C：総合（納得、協働、発展性）」の 10 観点を設定した。学生たちは模擬授業実施後に観点ごとに 4 点（秀）〜1 点（不可）をつけて相互評価し、授業のよかった点や改善点・気づきや感想のコメントを記述して提出する。たとえば、「タバコの喫煙防止」をテーマにした授業の平均評価は 3.37 点と高水準で、各観点のなかでは「発問（発問は思考を促すものであったか？）」が一番高かった（3.59 点）。

　この模擬授業について、学生から以下のようなコメントがあった。

> ・生徒の関心を引きつけるような面白い発問があり、すごく楽しくて良かった。
> ・ハキハキしゃべっていて話の内容が入ってきやすくてよかった。スライドの資料も見やすくてよかった。語尾が気になるところがあった。「お願いします」ではなく「しましょう」などにするといい。
> ・グループワークが多いので、生徒が主体的に学ぶことができた。机間指導で「こういう面で考えるとどうなると思う?」と別の視点で考えさせる事もできていたので良かったと思う。

　オンライン課題による相互評価であるため、各評価得点の分布やコメントをオンタイムでスクリーンに映し出し、授業改善に向けた検討を全体でも個別でも行うことができた。このような改善手続きは、学生の授業能力を高めるだけでなく、授業を見る目を育むことにつながる。授業者は、教室の仲間(生徒役)から寄せられた評価、さまざまな見方で記述されたコメントをじっくり読み返し、自分の授業の振り返りを記述(言語化)した。一連の模擬授業からの学びをまとめる課題「全体と自分の振り返り」においても、受講者それぞれが学んだことが記述されていた。

> ・模擬授業回数が増す度に、コツや工夫するべき点、生徒の集中力が切れるタイミング、教えるべき内容が分かってくるので模擬授業のレベルが上がっていった。生徒の答えを上手く広げられるコミュニケーション能力が大切だと分かった。
> ・指導案を具体的に書くこと。さまざまなシチュエーションを想定すること。教材研究の大切さ。分かりやすい発問と反応の仕方。授業時間配分。言語活動の重要さ。グループ活動の意味と方法。生徒をしっかりと理解すること(生徒観)。学習の動機づけ。教師への注目のさせ方。生徒は興味のある内容には意欲的に学習をするが、興味がない内容にはよそごとをすること等。

　学生たちは自分自身の学びを実際の教育実習で役立ててくれたことであろう。

6　場に応じた指導

　教育実習において学生は、授業だけでなく、学級経営・生徒指導・特別活動の指導にかかわる体験をすることになる。児童生徒との適切にコミュニケーションができ、信頼されることが教育の基盤となる。そこで、事前指導では、「褒め方、叱り方」を含めた「場に応じた指導」について学生に考えさせ、さまざまな場面を想定しての場面指導演習を行った。

　また、体罰については、学校教育法第11条ただし書により禁止されている体罰

は絶対に行っていけない行為であること、体罰は刑法に照らすと犯罪にあたることを確認した。その上で、「体罰の経験について近くの人と共有してください」、「体罰はどうしていけないのですか、分かりやすく説明してください」という課題を出し、学生同士で話し合わせ、その意見や考えを全体で共有した。

7 教育実習報告会

　教職課程を履修している4年生のうち、教員採用試験に現役合格した数人を講師として招いて、「教育実習事前指導」の一環として教育実習報告会を開催している。報告内容は、「①教育実習に向けて準備すること、②教育実習で心がけること、③教員採用試験に向けて準備すること」である。報告会に対する感想例を以下に挙げる。

・クラスの様子や生徒の特徴を事前に知ること、教材の把握や指導案の作成などの事前の準備が不可欠であると同時に自分の言動を整えることも大事と感じました。
・事前の準備について理解することができたので良かったです。教育実習に行くと、生徒からは先生として見られるので、学校の楽しいエピソードなどを話すことができるように自分自身の大学生活を充実させていきたいと思いました。
・身なり、言動、行動は今からでも変えられることだから見直そうと感じました。
・部活と勉強の両立ということでリアルな勉強の様子を知ることが出来ました。自分も部活をやりながらですが、メリハリをつけて勉強していきたいです。

　1年上の先輩からの体験にもとづく教育実習の報告、今後に向けての具体的なアドバイスは説得力と迫力があり、学生たちはその経験談に熱心に耳を傾けていた。いつも質疑応答の時間を設けるが、学生から次々と質問が出て突っ込んだ内容の対話が行われた。報告会後も質問しにくる学生が多かった。3年生にとっては半年後に自分が教育実習に行くことを改めて実感し、気持ちを高める機会となった。

8 挨拶・礼状

　4年春学期の授業では「教育実習の手引き」(学内資料)を用いて、教育実習中の心得について再確認するとともに、教育実習校における初日挨拶の練習をやらせている。その内容は「①朝の職員室での挨拶(教職員に対して)、②学級における朝の会でのあいさつ(児童・生徒に対して)」である。

　短時間で気持ちが伝わるように挨拶の文言を考え、グループメンバーや全体に向かってしっかり声を出して挨拶練習をする。この挨拶練習は効果があるようで、教

育実習巡回指導のために実習校を訪問すると、実習校の指導担当の先生から「あなたの大学の教育実習生はいつも元気に朝の挨拶をしてくれるので、一日が気持ちよく始められます」とお褒めいただくことが多い。

　教育実習が終わった後に実習校に礼状を出すことについて事前に指導している。現代の学生は便せんに手紙を書いた経験がほとんどない。しかし、便箋の書き方や折り方、封筒の宛名書きの方法を指導しておくと、気持ちがこもった礼状が書けるようになる。

Ⅲ　教育実習事後指導

1　得られた成果・課題の省察

　教育実習完了後に「教育実習記録」と「教育実習感想レポート」の提出を学生に義務づけ、教育実習を経て得られた成果や課題について省察することを促している。学生の省察（振り返り）の例をいくつか挙げる。

・生徒たちは自分のことを先生と思って接してくれるため、私自身も教員として3週間を過ごし、生徒から多くのことを学ぶことができた。

・生徒と共に全力で行事等に取り組むことができて楽しかった。教師間の連携の大切さを学んだ。また、生徒との距離感や関係性の作り方を学んだ。

・教育の現場を実際に見て、今までイメージしていたものと違う部分があった。

・小学校の教育実習で、子どもと遊んだり、一緒に給食を食べたりなど、子どもと過ごす時間すべてが充実していた。

・実習先が夜間定時制だったため、勤務後に学校に来る生徒、外国籍の生徒など、さまざまな事情を抱えた生徒と関わることで色々な接し方を学ぶことができた。

・授業をすることの難しさ、教員の仕事の大変さを学んだ。現職の先生方の指導力の高さに驚くとともに、そのレベルに少しでも近づきたいと思った。

・授業準備、授業の進め方に悩んだ。予想外の答えが返ってきた時の対応に困った。

2　さらに習得が必要な知識や技能

　学校教員になるにあたって、さらに習得しておくことが望まれる知識や技能はさまざまにある。主なものを取り上げ、アクティブ・ラーニング型の授業形態で学ばせている。

　2023年度春学期に扱ったテーマは以下の通りである。

①いじめ問題への対応（いじめ問題の理解。いじめへの対応。いじめ対策事例）
②人権・人権週間（人権とは何か。世界人権宣言。国や地方自治体の人権施策）
③特別支援教育（特別支援教育の対象。インクルーシブ教育。合理的な配慮）
④部活動改革（働き方改革。部活動ガイドライン。運動部活動の地域移行）
⑤ICT活用・令和の日本型教育（GIGAスクール。個別最適な学び、協働的な学び）
⑥情報活用能力・情報モラル教育（プログラミング教育。インターネット問題）

　現代の学校教育における重要課題について、学生は教育実習時の体験に結びつけて学び、意見を出し合うので、教育実習の前よりも効果的な学びになった。

3　教職実践演習

　本学の場合、「教育実習指導」は4年生春学期に完了するが、4年生秋学期に「教職実践演習」を開講している。「教職実践演習」は全学年を通じた「学びの軌跡の集大成」として位置づけられている。学生はこの科目の履修を通じて、将来、教員になる上で、自己にとって何が課題であるのかを自覚し、必要に応じて不足している知識や技能等を補い、その定着を図ることにより、教職生活をより円滑にスタートできるようになることが期待される。

Ⅳ　今後の課題

　教育実習の目的は、①学校教育の実際を体験的・総合的に認識させること、②大学で修得した専門的知識や技術を、児童生徒の成長促進に適用する実践的能力の基礎を形成すること、③教育実践に関する問題解決や創意工夫に必要な態度と能力の基礎を形成すること、④教育者としての愛情と使命感を深める。教員としての能力や適性について自覚を得ること等にある。

　学生たちは、事前事後指導も含めて教育実習を体験し、その経験を通して自らの教職志望を再確認するとともに、自分の進路について意思決定する。教員の仕事は自分には向かないと自覚し、一般企業に就職することを選ぶ学生もいる。また、学校における働き方改革が進んでいる現状があるが、「教員の仕事はブラックだから止めときなさい」と学生の親が引き留めることもある。

　教員養成課程における教育は、教員としての資質や実践的な指導力の向上を図ることを目的にする。しかし、学校教員としてキャリアパスについては、教員になっ

た後のこととして、これまでほとんど触れていなかった。学生一人一人が、学校教員という職業について労働者として観点からの理解を深めるとともに、生涯設計について学び、考えるプログラムの開発も急務になってきていると感じる。

【引用文献】
文部科学省（2017）「教職課程コアカリキュラム」。
愛知県総合教育センター（2022）「令和 4 年度（小・中学校・義務教育学校）新しく先生となるみなさんへ」。

第8章 保幼小接続・連携を担う教員養成におけるアクティブ・ラーニング
—教育学部総合演習における森林環境教育をテーマとしたプロジェクト型学習を通じて—

白井 克尚・柿原 聖治

I 本実践研究の目的

2017年に改訂された『小学校学習指導要領（平成29年告示）解説 生活編』では、生活科における成果と課題のさらなる充実を図ることが期待される点として、「幼児教育との連携・接続」に関わる内容があげられた。そこでは、「幼児期に育成する資質・能力と小学校低学年で育成する資質・能力とのつながりを明確にし、そこでの生活科の役割を考える必要がある」とされ、幼小接続の視点が重視された。すなわち、幼児期の終わりまでに育ってほしい10の姿と、小学校低学年での生活科において育成する資質・能力における「つながり」が重視されたのである。

このような視点を踏まえれば、保幼小接続・連携を見据えた教員養成の在り方は、今後さらに重要な課題となるに違いない。しかし、教師教育学研究の分野においては、「連携・接続を学校や園の現場で担う教師の養成はどうあるべきかという議論はほぼ置き去りにされてきた」(1)とされている。

そうしたとき、保幼小接続・連携を見据えた教員養成のキーワードになりうるものとして、「森林環境教育」をあげることができる。なぜならば、『保育所保育指針』では、5領域「環境」のねらいの一つとして「身近な自然に親しみ、自然と触れ合う中で様々な事象に興味や関心をもつ」(2)ことが示されている。また、幼児期における「環境を通して行う教育」は、幼児教育の教育方法に関する中心的な概念であることが指摘されている(3)。さらに、小学校入学までに経験させたい体験として「自然遊び」(4)の重要性も指摘されている。このように「環境」を幅広く捉えると、幼児期から小学校へと接続・連携して「森林環境」に触れさせることの重要性を位置づけることができるためである。こうした考えに基づき、保幼小接続・連携を担う教員養成のキーワードとして「森林環境教育」を導き出した。

　本学教育学部では、保育士養成課程・幼稚園教職課程・小学校教職課程を併設し、保幼小接続・連携を見据えた教員養成を行っている。上記の「森林環境教育」の視点を踏まえることにより、保幼小接続・連携を担う教員養成の実践が可能になると考えた。

　そこで、本研究では、幼児教育コース（保育士養成課程・幼稚園教職課程）と初等教育コース（幼稚園教職課程・小学校教職課程）の全学生が含まれる教育学部総合演習（学部2年生）の活動において、フィールドワークを通じた「森林環境教育の教材・教具の開発」を行い、保幼小接続・連携を担う教師の専門性形成に資することを目指した実践に着手した。そして、実践の成果については、学生によるフィールドワーク後の感想記述の分析を通じて、その効果についての検証を行った。

Ⅱ　実践研究の方法

1　実践の概要

　実践の概要は、年間を通じて、教育学部総合演習の授業において保幼小接続・連携を見据えた森林環境教育の教材・教具の共同開発を進め、学生が作成した教材・教具を活用した子どもを対象とした活動を行う。

2　調査の対象者（学年・人数など）

　調査対象：2022年度教育学部子ども発達学科の「総合演習Ⅰ」「総合演習Ⅱ」を受講している2年生学生（64名）を対象とする。

〈利害関係の回避策について〉

　アンケートには成績とは無関係であることを説明し、アンケートを書くことに賛同しないことがその学生に不利がないことを口頭で説明する。また、アンケートの分析・抽出は、無記名で行い、学生が特定されることのないように配慮する。
　上記内容で利益相反を回避する。

3　調査方法

　調査方法は、実践を通じた学生による感想記述を分析することにより、その成果を検証する。

　具体的には、年間を通じて、教育学部総合演習の授業においてフィールドワークによる保幼小接続・連携を見据えた森林環境教育の教材・教具の開発を進め、10月 6 ～ 8 日に開催された SDGs AICHI EXPO 2022（常滑市・愛知県国際展示場「Aichi Sky Expo」）参加後に、学生に対して目的を説明し、アンケート用紙を配布した。

　感想記述は無記名とし、データは機械的に処理し個人が特定されないことを説明した。協力を得られない場合も一切不利益を被ることはないこと、成績には全く影響しないことを口頭で説明した。

　　調査内容：自由記述として「森林環境教育の教材・教具を活用して SDGs AICHI
　　　　　　　EXPO 2022 ブース出展をした感想」について質問する。
　　分析方法：アンケート調査の感想記述に関して、共同研究者の協議に基づいて特
　　　　　　　徴的な内容を選び、KJ 法で分類し構成要素を抽出し、実践の成果に
　　　　　　　ついて考察を行う。

4　調査の実施時期

　2022 年度は、教育学部総合演習の授業において、通年でフィールドワークによる「森林環境教育の教材・教具の開発」を進め、アンケートは 2022 年 10 月 6 ～ 8 日に開催された SDGs AICHI EXPO 2022 参加後に実施した。

Ⅲ　総合演習における平和公園を活用した教材・教具の開発

1　A ゼミの活動

　本節では、教育学部総合演習の中でも、A・B ゼミ（小学校教員希望学生が多く所属）の活動を事例として、年間を通じた「森林環境教育を目指した教材・教具の開発」および実践の様子について具体的に述べていきたい。

（1）名東区・平和公園をフィールドとした生活科教材開発

　前期には、ゼミにて本学に隣接する名東区・平和公園をフィールドとして森林環境教育の教材・教具の開発を行っていった。A ゼミでは、クリスマスリース作りや SDGs についての理解を深めるパンフレットの作成を行った。学生たちは、学外でのフィールドワークに、積極的に取り組んでいった。

2022年7月8日には、小学校教職課程の科目「生活」の授業において、平和公園探検を行った。学生たちには、教師の目線に立って、小学校低学年・生活科の学習材研究として、ポスター作成を課題としたプロジェクト型学習を行うことについて説明した。その際には、課題設定→情報の収集→情報の整理・分析→まとめ・表現といっ

写真 8-1 名東区・平和公園自然探検

た「探究」のプロセスを提示し、グループで協力して活動することを呼びかけた。

平和公園をフィールドとしたプロジェクト型学習では、各グループで協力して活動する様子が見られた。また、表現活動を取り入れたことで、プレゼンテーション能力の向上にも役立ったと考える。フィールドワークを通じて平和公園における森林環境の豊かさに気付いた学生が多く、幼少期の子ども達にそうした豊かな森林環境に触れさせることの意義についても理解を深めていった。

（2）森林環境教育をテーマとした SDGs AICHI EXPO 2022 への出展

2022年10月6・7・8日、常滑市の愛知県国際展示場（Aichi Sky Expo）で開催された SDGs AICHI EXPO 2022 に、教育学部総合演習で「幼小接続を目指した教材・教具の開発」というテーマでブース出展した。学生たちは作成した教材・教具を活用してブースの運営を行った。

写真 8-2 EXPO ブースでの活動の様子

ブースでは、クリスマスリース作りや工作体験など、参加した子どもたちに丁寧に言葉がけをしながら活動を行っていた。工夫しながら子どもたちに積極的に関わる姿も見られた。学生たちにとって SDGs について学びを深める貴重な機会にもなった。

2022年11月12・13日に開催された大学祭キッズ広場では、作成した教材・教具を用いて各ブースの運営を行い、子どもたちと積極的に関わることができた。

2023年1月18日には、ゼミ報告会として1年間の共同研究の成果を報告した。

　年間を通じた教育学部総合演習におけるフィールドワークによるプロジェクト型学習の成果として、子どもたちと関わりながら、教材・教具の開発を行うことができた点や、探究型の森林体験学習を進めることができた点などがあげられる。

2　Bゼミの活動

（1）平和公園の散策

　平和公園にはゼミの全員で3回行った。他の公園と違い、ここの公園はほぼ手付かずの自然があり、季節の草花を目の当たりにした。途中5、6人の園児と保育士に出会うこともよくあった。同じように春の草花を楽しんでいることが分かった。草花の写真を撮って、ネットでその名前を検索した。

（2）樹木へのメッセージの花

　SDGs AICHI EXPO 2022では樹木を模した用紙に各自のメッセージを書いてもらい、メッセージの花を咲かせた。小学生は将来の夢などを書いていたが、大人はウクライナの停戦を祈るものがあった。外国人も参加してくれ、この樹木にメッセージを残してくれた。だんだん、メッセージの花が咲いていくのが面白かった。

写真8-3　樹木へのメッセージの花

（3）身近な物を使ったおもちゃ作り（1）

　森林環境教育の一環として、かまぼこ板を使った。学生に自分たちでかまぼこ板をたくさん集めさせ、「板返し」を作らせた。別名、「パタパタ」や「団十郎のからくり屏風」とも呼ばれているものである。学生がこのおもちゃの動きからイメージした物を、色づけや描画を施して、板返しに装飾を各自加えていた。

　この「板返し」を1つ作るのに10枚の板が必要になる。集めるのに時間がかかるし、作り方が複雑なので、この前にまず、2枚でできるものを作った。それが、日常製品としてある「左右両開きの冷蔵庫」である。このドアの仕組みを考えさせ

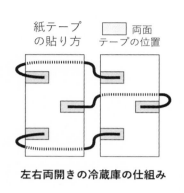

紙テープ の貼り方　両面テープの位置

左右両開きの冷蔵庫の仕組み

図 8-1　身近なものを使ったおもちゃ①

水

からっぽ でも空気は入っている。空気に出て行ってもらわない限り、水は入れない。

穴は開いているのに落ちてこない

からっぽ

上のボトルを回して、渦を作ると、中央部分に穴ができて、水が落ちてくる

水の移動と渦巻き

図 8-2　身近なものを使ったおもちゃ②

た。これなら構造が簡単で、少し考えれば、解決できる課題である。どこに糊を付ければよいかを考えさせ、試行錯誤させ、完成させた。その後、それを連ねていき、板返しを作った。

（４）身近な物を使ったおもちゃ作り（２）

　ペットボトルを使った水の移動のおもちゃを作り、大学祭で展示した。小学生は、水が落ちてこないことに驚いていた。それから、上のボトルを回すと、水が渦を巻いて落ちてくる。来場者は何度も上下を逆さにして遊んでいた。

Ⅳ　森林環境教育をテーマとしたプロジェクト型学習の効果検証

　本節では、教育学部総合演習学生による SDGs AICHI EXPO 2022 参加後の感想記述の分析を行い、実践の成果について検証を行った。調査時期を SDGs AICHI EXPO 2022 参加後としたのは、研究の方法でも述べたように、学生の変容過程が明らかになると考えたためである。

　そこで、学生の感想記述の中から特徴的な内容に絞り、実践の成果の検証を行った。分析の手続きは、アンケート調査の感想記述に関して、共同研究者の協議に基づいて特徴的な内容を選び、KJ 法で分類し構成要素を抽出して考察を行った。

　これらの感想記述からは、次の三つの構成要素を確認することができる。

表8-1　SDGs AICHI EXPO 2022 参加後の学生の感想および構成要素

学生の感想	構成要素
私は初対面の人と喋ることが苦手です。ですが、将来先生になる際には、コミュニケーション力が必要不可欠となってくると思うので、ブースに沢山の子どもが集まれるよう呼びこみをしました。「また、後で行きます。」と言う人もいましたが、「やってみたい、気になる」といった興味を示す子どもが多く、SDGs に関心のある子どもが多い印象でした。たくさんの子どもたちがブースに集まったときは、大変嬉しかったです。少し苦手を克服することができたと思います。また、教えるときには、1から教えなくても自分で考えて作っている子どもが多く、大変驚きました。教える力は勿論大切ですが、笑顔などの表情や態度といったスキルも大切であると改めて感じました。	A.子どもの学びに対する支援についての気付き
SDGs と関連付けて自然のものを活用した紙コップけん玉やリース作り体験では、イベントに来た子どもたちとより深く関わることができました。ブースを担当して気づいたことは、子ども自身も SDGs に目を向けているということです。実際は紙コップけん玉を制作する際に、紙コップに SDGs のマークをペンを使って表現する子がいたり、毎年イベントに来る子がいたりと人によって感じ方・考え方は異なり、子どもたち自身も遊びを通して楽しく学び続けているのだなと思いました。また、子どもたちは制作に対して一心に取り組んでおり、紙コップ同士を貼り合わせることは勿論、松ぼっくりに毛糸を巻きつける際に、子どもの能動的な学びを見守るのか、それとも援助をするのかなど、それらのバランスは自分が思っていたよりも難しいものであると感じました。	B.幼少期の子どもの実態についての気付き A.子どもの学びに対する支援についての気付き
いつもは、名古屋市のいきいきサポーターで小学生と関わることは多くありましたが、幼稚園児や保育園児との関わりは、あまりありませんでした。今回ブースを担当して、コロナ禍でもありましたが、とても貴重な体験が出来ました。松ぼっくりけん玉やリースを作る中で、子どもたちが自分自身の思っていなかった行動をとったりするので、とても大変でした。私は、外まわりの呼びかけは行っていなかったけど、ブース内で自分の役割は果たせたかなと思いました。今回行ったブースはとても小さかったので、工夫すれば、作業スペースがもっと確保できたかなと思いました。片付けもできたので、ブース出展の大変さも分かる良い機会でした。	B.幼少期の子どもの実態についての気付き
僕の担当した時間は子どもが少なかったのですが、女の子2人と時間ギリギリまで一緒に工作していました。妹ちゃんの方は、最初あまり心をひらいてくれなくて、どうしようかと考えていたのですが、積極的に話しかけているうちに、「この色がいい」や「〇〇が好き」と返答が返ってきて、少し仲良くなれたと思い嬉しかったです。また、紙コップけん玉やリースといった様々な種類の遊びがあることで、子どもたちもワクワクしながら、どれを作ろう、どの材料を使おうと楽しめると感じました。	C.森林環境教育の教材・教具の有効性についての気付き
かなり狭いスペースだと聞いていたが、思ったよりも広くて活動がしやすかった。子どもたちは作業に入ると口も聞かず、夢中になってくれたので、初めは楽しいかな？と不安に思っていたが、完成した後には、楽しそうに遊んでいたので安心した。幼稚園児の子どもたちには、紙コップけん玉の一部の工程が少し難しかったように感じたので、自分のゼミの案ではないが、もう少し工夫があった方が良かったかなと思った。自分たちのブースは、なかなか大人の方が来てくれなかったので、もっと幅広い世代の人に来てもらうための工夫が必要だったなと感じた。	C.森林環境教育の教材・教具の有効性についての気付き

私は、ブースを担当する中で2つの役割をしました。まず1つ目は、ブース内で来てくれた子どもたちをサポートしながら一緒に工作をする役割です。ボランティアで何度か子どもと関わる機会はありましたが、工作のサポートは初めてだったので、どこまで子どもたちに作らせて、どこをサポートするのが正しいのかという点で難しさを感じました。この役割では、良い経験ができたと感じました。2つ目は、呼び込みをしました。呼び込みは大人（保護者）の方に話しかけることが多かったので、コミュニケーション能力を少し向上させることができたと思いました。	A. 子 ど も の 学びに対する 支援について の気付き
当日になってやることが変わるというハプニングはあったものの、参加してくれた人も多く、概ね良かったのではないかなと思っています。また、小さい子達と関わる機会はなかなか無かったので、ブースを担当して関わる機会がもてたので、楽しかったです。その上、来て下さったお子さんはもちろんですが、その保護者の方にまで喜んでいただけたのが本当に嬉しかったです。もしまた同じような機会があれば、対応をよりがんばりたいなと思いました。（今回は前半で消極的だったため）	A. 子 ど も の 学びに対する 支援について の気付き
ブースを担当して感じたことは、僕は最後の方のブースの時間帯だったので、子どもが少なくて少し暇でした。ですが、何度か子どもが来てくれて、何回か話しましたが、年齢よりもしっかりとした子や、元気な子や静かな子などがいて、改めて子どもの成長には差があったり、様々な性格の子どもがいたりするのだと思いました。	B. 幼 少 期 の 子どもの実態 についての気 付き
今回のブースは、自然のモノを活かした工作（リース、紙コップけん玉）で、主に子どもと一緒に工作を行う時間が多かった。そんな中、子どもに物事を教えるという勉強を行っている、なかなか実際に接する機会が少なく、はじめは上手く伝える方法を手さぐりで行っていたが、段々と自然に話ができ、子ども達側からも積極的に話してくれた事が印象的だった。	C. 森 林 環 境 教育の教材・ 教具の有効性 についての気 付き
SDGsのイベント、会場に入ってまず思ったことは、自分が想像していた以上に人が多かったということでした。子どもから大人、外国の人もいて、様々な人と接することができました。今回、自分のゼミのブースでは、キネティックサンドを触って楽しむ子どもたち、自分の願いを紙でできた葉に書いて貼ってくれる人たちがいて、とても嬉しかったです。	C. 森 林 環 境 教育の教材・ 教具の有効性 についての気 付き
ゼミの人とブースを担当することも初めてのことだし、子どもと関わる場でもあって緊張したけど、子どものする行動や発言をその場で観察し、この発言をしたら、この子はどのように返してくれるかを自分で判断して子どもとのコミュニケーションを取ることができました。そして、砂遊びでは、楽しそうにお団子を作る子もいれば、真剣に頑丈なお団子を作る子もいて、それぞれの個性を感じました。また親御さんとも会話をする機会があり、咄嗟に対応することができました。	A. 子 ど も の 学びに対する 支援について の気付き
今回、ブースを担当したときに一番感じたのが、当たり前なのですが、来ていただいた方がみなさんSDGsに関心があるのだということでした。SDGsに関する質問をたくさん投げかけていただいたのですが、思っていることを上手く返すことができず、悔しい思いをしました。また、ブースを出展するのはとても不安だったのですが、たくさんの子どもたちが立ち寄ってくれて嬉しかったです。帰り際に「楽しかった」と言ってくれたのが、一番嬉しかったです。	C. 森 林 環 境 教育の教材・ 教具の有効性 についての気 付き
私たちのゼミでは、色々な葉っぱの形に願いや目標などを書いてもらい、みんなで大きな一本の大きな木を完成させようというものと、室内で遊べる砂を持っていき、ブースを担当しました。ブースに来てくれた方へ上手く説明できているのか分からず不安になりました。しかし、最初に小学生くらいの子達が来てくれて、楽しそうに願いや目標を書いてくれたり、楽しそうに遊んでくれたりしたので、良かったと感じる場面もありました。子どもだけではなく、大人の方も書いてくれる方がいらっしゃったので、良かったと思いました。小学生だけではなく、幼稚園やもっと小さい子も興味をもってくれて、書いてくれる子もいたので嬉しかったです。今回はいい経験ができたと思いました。	B. 幼 少 期 の 子どもの実態 についての気 付き

（下線部は筆者）

　一つは、A.子どもの学びに対する支援への気付きが表現されていることである。具体的には、「子どもの能動的な学びを見守るのか、それとも援助をするのかなど、それらのバランスは自分が思っていたよりも難しいものであると感じました。」「教えるときには、1から教えなくても自分で考えて作っている子どもが多く、大変驚きました。教える力は勿論大切ですが、笑顔などの表情や態度といったスキルも大切であると改めて感じました。」「子どもたちが工作に主体的に取り組めるように、できる限り手を貸さずに見守ることを心がけて子どもと関わっていました。」などというように、自分なりの支援を模索する様子や、学びに関して「教える」―「支援する」ことへのジレンマについて考えている様子も見受けられた。

　二つ目は、B.幼少期の子どもの実態についての気付きが表現されていることである。具体的には、「子ども自身もSDGsに目を向けているということです。」「子どもたち自身も遊びを通して楽しく学び続けているのだなと思いました。」「3歳ぐらいから向けの教材・教具だったかなと感じました。年齢によって楽しみ方が異なり、発達を見れて良かったと思いました。」などというように、幼少期の子どもの発想の豊かさや遊び‐学びの関係性に目を向けている学生の様子も明らかになった。

　三つ目は、C.森林環境教育の教材・教具の有効性についての気付きが表現されていることである。具体的には、「紙コップけん玉やリースといった様々な種類の遊びがあることで、子どもたちもワクワクしながら、どれを作ろう、どの材料を使おうと楽しめると感じました。」「幼稚園児の子どもたちには、紙コップけん玉の一部の工程が少し難しかったように感じたので、自分のゼミの案ではないが、もう少し工夫があった方が良かったかなと思った。」「子どもから大人まで簡単に作り遊べ、松ぼっくりを使用し自然の材料を用いて行えることがとても利点だなと思いました。」などというように、森林環境教育の教材・教具の作業の難しさや利点について考えている感想があった。

　したがって、年間を通じた「森林環境教育の教材・教具の開発」のプロジェクト型学習の成果の一端として、幼児教育における「環境を通して行う教育」の基礎的な理解や小学校入門期における「自然遊び」の重要性についての基礎的な理解を、実践を通じて深めたと捉えることができる。このことは、保幼小接続・連携を担う教師にとって必要な視点であるといえよう。

V 実践の成果と課題

　本章の目的は、保幼小接続・連携を担う教員養成におけるアクティブ・ラーニングの実践として、教育学部総合演習における年間のフィールドワークを通じた「森林環境教育を目指した教材・教具の開発」といったプロジェクト型学習の実践を行い、学生の感想記述の分析を通じてその成果を検証することであった。実践の成果として以下の三点があげられる。

　一つは、幼少期の子どもの学びに対する教師支援への気付きが現れたことである。秋田喜代美は、「5歳後半の時期を接続期前期として、保育の質の更なる深まりを検討すること、小1初めの時期や低学年を接続期後期として、両者の接続期を、活動内容、活動集団の組織の仕方、環境設定、教師のかかわりなどを幼小両者の教師が意識してみることが大事」(5)と述べている。本実践のように、幼小接続を担う教員の養成において子どもの学びに対する教師の支援について「活動内容、活動集団の組織の仕方、環境設定、教師のかかわりなど」の視点から発達段階に合わせたその在り方を継続して考えさせていくことが重要である。

　二つ目は、幼少期の子どもの実態についての気付きが現れたことである。長年、幼児教育に携わってきた津守真は、「一つ一つの具体的な場面で、子どもの行動を、慣習的な大人の目で見ることを意識的に止めて、子ども自身の表現として見る」ことを課題とする実践こそが「子どもが主体として生活する場」を創造できると主張している(6)。本実践で現れた学生の子どもの実態への気付きは、未だ未熟なものではあるが、「子ども自身の表現としてみる」経験を積み重ねていくことが、保幼小接続・連携を担う教員の資質として重要であることは間違いない。

　三つ目は、森林環境教育の教材・教具の価値についての気付きが現れたことである。木村吉彦は、「幼児期から児童期への発達の継続を大切にし、その『連続性に基づくカリキュラム作成』、つまり登校意欲を高めることで学習意欲の高まりまでつなげるカリキュラムづくりによって、新入児童の『適応』を促すのが『接続期カリキュラム』」であることについて述べている(7)。本研究で作成した森林環境教育の教材・教具は、「接続期カリキュラム」の学習材の一つとして幼児期から児童期への学びを接続させることにつながると確信している。

　したがって、本実践を通じて、保育所保育指針の5領域「環境」のねらいにある「身近な自然に親しみ、自然と触れ合う中で様々な事象に興味や関心をもつ」こと

への基礎的な理解や、幼稚園教育における「環境を通して行う教育」の基礎的な理解、小学校入門期における「自然遊び」の重要性についての基礎的な理解を、それぞれ体験を通じて具体的に深めたと捉えることができる。これらの視点は、保幼小接続を担う教師にとって必要な視点であり、今後も学生が研究や実践を通じて試行錯誤しながら獲得していくべき視点だと考える。

　なお、本実践では、保幼小接続・連携を担う教員としての資質・能力に関しての具体的な検討を行うことができなかった。この点は、今後の課題としたい。

【付記】

　本研究は、『東邦学誌』第52巻第1号（2023年7月）所収の白井克尚・柿原聖治・鈴木順子・堀建治・堀篤実「保幼小接続・連携を担う保育士と教員養成の実践—教育学部・総合演習における森林環境教育を目指したプロジェクト型学習を通じて—」の内容を教員養成の部分に絞り、加筆修正を行い再構成したものである。なお、本研究に際し、愛知東邦大学研究倫理委員会による研究倫理審査を受け、承認を得ている（愛東研第202209号）。

【注】

(1) 浅野信彦「幼児教育と小学校教育の連携・接続を担う教員の養成」『日本教師教育学会年報』第31号、2022年、76頁。
(2) 厚生労働省『保育所保育指針〈平成29年告示〉』フレーベル館、2017年、40頁。
(3) 酒井朗「教育方法からみた幼児教育と小学校教育の連携の課題—発達段階論の批判的検討に基づく考察—」『教育学研究』第81巻4号、2014年、384-395頁。
(4) 菅沼敬介「小学校入学までに幼児教育領域『環境』で経験させたい自然遊びに関する研究—幼保小の円滑な接続を目指す生活科教育の視点から—」『福岡教育大学紀要』第71号、2022年、125-137頁。
(5) 秋田喜代美「接続期の遊びと学び」『幼稚園じほう』33（10）、全国国公立幼稚園長会、2005年、5-11頁。
(6) 津守真『保育者の地平—私的体験から普遍に向けて—』ミネルヴァ書房、1997年、220頁。
(7) 木村吉彦監修、茅野市教育委員会編『長野県茅野市発 育ちと学びをつなぐ「幼保小連携教育」の挑戦—実践接続期カリキュラム—』ぎょうせい、2016年、23頁。

第9章　教育学部合同・学外演習プログラム

西崎　有多子

I　計画と事前準備

　本研究のまとめの一部として、2023年3月6日（月）に、教育学部におけるアクティブ・ラーニングのフィールドワークを実施した。学外での体験を通して、何をどのように小学校の授業に組み入れたら効果的かを学生が主体的に検討し、将来の指導へ応用できる実力を養成する目的で、「徳川家康」をテーマに行った。対象者は、教育学部学生（希望が多い場合は上級生優先）、引率は初等教育コース担当教員数名とした。

　学生の事前学習として、予め周知された訪問先について調べておくように伝えておき、バスの車中にて発表する機会を設定した。大樹寺について調べた学生からは、「ビスタライン」（大樹寺と岡崎城を結ぶ約3kmの直線。その視線を遮る建物は建設できないと定められている。）や「松平・徳川歴代将軍の位牌」等についてのレクチャーが行われた。岡崎城について調べてきた学生からは、「天下人家康公出世ベンチ」など岡崎城にまつわる話や見学すべきポイントが伝えられた。主催者側の事前準備として、西崎が訪問場所の提案ならびに選定を行い、松平郷（松平郷館、松平東照宮、高月院）、大樹寺、岡崎城、カクキューへ事前訪問し、資料を収集するとともに、入場料や料金、見学可能な内容、経路、駐車場等を確認し、大学所有のバス運行を調整ならびに依頼した。

II　旅程

9:30　　大学バスにより本学出発

10:30　　松平郷　到着　松平郷館、松平東照宮、高月院等見学（1時間）

11:30　　松平郷　出発　（車中で各自持参した昼食を済ませる）

12:00	大樹寺　到着	ビスタラインの確認、宝物殿・大方丈拝観（1時間）
13:30	大樹寺　出発	
14:00	岡崎城　到着	岡崎城、どうする家康　岡崎　大河ドラマ館見学
	（1時間半）	
15:30	カクキュー（八丁味噌老舗）到着、見学	
16:50	カクキュー出発	
17:50	本学　到着、解散（一部、一社駅周辺で下車）	

Ⅲ　資料収集と体験

　学生たちは各訪問先で、見学だけでなく係の方から説明を聞いたり、資料を収集したりして積極的に情報収集に努めた。徳川発祥の地である松平郷では、徳川家康に至るまでの祖先について知り、家康の産湯として使われたとされる豪華な井戸に驚き、高月院の墓所で徳川家の歴史を再確認した。次に訪問した大樹寺は、若き家康が命を救われた有名な寺であり、その歴史と徳川家歴代の将軍の等身大の位牌が整然と並ぶ宝物館に驚いていた。ビスタラインのかなたに今も岡崎城が見えるのを確認し、岡崎城に向かった。場内は、プロジェクトマッピングを含む現代風の様々な展示があり、興味を持って楽しく見学できた。大河ドラマ「どうする家康」のドラマ館も開設されており、より詳細な歴史を多くの展示物や解説を通して学ぶことができた。最後に、有名な八丁味噌の製造元に立ち寄り、八丁味噌の歴史のガイドツアーや工場見学をした。

松平郷「高月院」での鐘つきの様子

大樹寺よりビスタラインを眺める

岡崎城内での参加型城下町体験

岡崎城特有の石垣

カクキューでの八丁味噌蔵の見学

Ⅳ　事後学習とゼミでの発表

　参加学生たちは、今回の体験と収集した資料を使って小学校社会科の学習内容との整理・検討を行い、教材研究としての PowerPoint 発表資料を作成、各所属ゼミにおいて発表を行った。

　以下は 1 年生の I さんの発表資料の一部である。

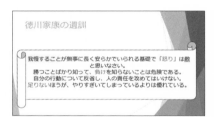

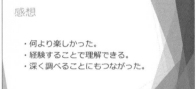

　以下は西崎ゼミ内おける、3年生のSさんとIさんの発表の様子である。資料を読み込み、各自の体験を交えながら、撮影してきた写真を使用してパワーポイントを使って発表した。

Ⅴ　参加学生の感想

　参加学生の感想は、以下の通りであった。

①「学外研修プログラムで徳川家康のゆかりの地を訪れました。徳川家康の祖先であり、松平氏発祥の地である松平郷、松平家・徳川家菩提である大樹寺、家康が誕生したという岡崎城、最後に味噌の工場であるカクキューの４カ所を訪れました。

　松平郷にある松平郷館では、徳川家の始祖・松平親氏の座像など 200 点近い展示物があり、とても驚きました。次に訪れた大樹寺では、岡崎城とその北にある大樹寺を直線で結ぶ約３キロの直線「ビスタライン」を見ることができて、とても感動しました。また徳川歴代将軍の位牌は、亡くなったときの身長で作られており、とても圧倒されました。次に訪れた岡崎公園では、武士の甲冑や火縄銃の本物とともに説明があり、戦国時代の歴史を知ることができました。最後に訪れたカクキューでは、実際に味噌を作っている工場を見学させてもらい、成人男性がすっぽり入るぐらいの巨大な樽に１時間から２時間かけて石の山を積んでいて、樽の大きさや石の頑丈さにとても驚きました。

　今回、この４カ所を訪れて、徳川家康の戦に破れても諦めない精神や、様々な出来事があったことで天下を取ることができたという歴史を知ることができて、とても良い研修となりました。」

②「今回の学外演習を終えて、私が学んだ事は、２つあります。

　１つ目は、事前準備をすることの大切さです。今回私達は、松平郷・大樹寺・岡崎公園・カクキューの４箇所に訪問しました。私は、事前準備として岡崎城に関して調べました。そのため、岡崎城では、興味をもって見学することができました。また、バスの中で、先生方から行く場所の説明を受けたり、違う学生から紹介を聞いたりして、訪問する際の見方や感じ方が変わりました。それらの体験から、事前準備をすることの大切さを学びました。

　２つ目は、新しい知識を身に付ける楽しさです。今回の行き先は、学外演習でなければ絶対に行かないような場所だったので、自分が持っていない知識や学びが溢れていて、とても刺激になりました。今後私が、教員として遠足の準備などをする際に参考にできる部分が多々あり、行って良かったと思える学外演習だと感じまし

た。」

③「今回、学外研修に行って学んだことは、行く場所全てが、授業の材料かつ宝庫であるということです。実際に足を運んで情報を集めることで、子ども達の興味の湧くような資料を集めることができると思いました。また、自分が撮った写真を見せることで、より熱意のある奥の深い授業づくりができると思いました。そして、本物を見ることで、教科書からだけでは分からない知識や情報を子ども達に教えることができ、その内容が他の授業にも繋がるような教科横断的な学習を展開することができると思います。子ども達のための知識の引き出しの一つになればと思いながら学外研修をしました。五感全てを使って学びました。非常に学びあり、笑いありの楽しい思い出になりました。」

Ⅵ　教育学部合同・学外演習プログラムを終了して

　参加した学生たちは、今回の合同学外演習プログラムを通して、自ら体験することの大切さ、小学校における教材研究・授業づくりのあり方や、引率のために必要な事前準備について学ぶ機会になり、実りのある学びを得ることができた。今後もこのような企画を積極的に推進し、学生たちが自分たちの目で見て、手で触れてこそできる体験の機会を増やし、そこで得られたものを教材としてどのように有効に落とし込んでいくべきかを主体的に深く考えることのできる力を養って欲しいと願っている。

愛知東邦大学　地域創造研究所

　愛知東邦大学地域創造研究所は 2007 年 4 月 1 日から、2002 年 10 月に発足した東邦学園大学地域ビジネス研究所を改称・継承した研究機関である。

　地域ビジネス研究所設立当時は、単科大学（経営学部 地域ビジネス学科）附属の研究機関であったが、大学名称変更ならびに 2 学部 3 学科体制（経営学部 地域ビジネス学科、人間学部 人間健康学科・子ども発達学科）への発展に伴って、新しい研究分野を包括する名称へと変更した。

　現在では、3 学部 4 学科体制（経営学部 地域ビジネス学科・国際ビジネス学科、人間健康学部 人間健康学科、教育学部 子ども発達学科）となり、さらに研究・教育のフィールドを広げ、より一層多様な形で地域発展に寄与しようとしている。

　当研究所では、研究所設立記念出版物のほか、年 2 冊のペースで「地域創造研究叢書（旧 地域ビジネス研究叢書）」を編集しており、創立以来、下記の内容をいずれも唯学書房から出版してきた。

・『地域ビジネス学を創る――地域の未来はまちおこしから』（2003 年）

地域ビジネス研究叢書

・No.1『地場産業とまちづくりを考える』（2003 年）

・No.2『近代産業勃興期の中部経済』（2004 年）

・No.3『有松・鳴海絞りと有松のまちづくり』（2005 年）

・No.4『むらおこし・まちおこしを考える』（2005 年）

・No.5『地域づくりの実例から学ぶ』（2006 年）

・No.6『碧南市大浜地区の歴史とくらし――「歩いて暮らせるまち」をめざして』（2007 年）

・No.7『700 人の村の挑戦――長野県売木のむらおこし』（2007 年）

地域創造研究叢書

・No.8『地域医療再生への医師たちの闘い』（2008 年）

・No.9『地方都市のまちづくり――キーマンたちの奮闘』（2008 年）

・No.10『「子育ち」環境を創りだす』（2008 年）

・No.11『地域医療改善の課題』（2009 年）

・No.12『ニュースポーツの面白さと楽しみ方へのチャレンジ——スポーツ輪投げ「クロリティー」による地域活動に関する研究』（2009 年）

・No.13『戦時下の中部産業と東邦商業学校——下出義雄の役割』（2010 年）

・No.14『住民参加のまちづくり』（2010 年）

・No.15『学士力を保証するための学生支援——組織的取り組みに向けて』（2011 年）

・No.16『江戸時代の教育を現代に生かす』（2012 年）

・No.17『超高齢社会における認知症予防と運動習慣への挑戦——高齢者を対象としたクロリティー活動の効果に関する研究』（2012 年）

・No.18『中部における福澤桃介の事業とその時代』（2012 年）

・No.19『東日本大震災と被災者支援活動』（2013 年）

・No.20『人が人らしく生きるために——人権について考える』（2013 年）

・No.21『ならぬことはならぬ——江戸時代後期の教育を中心として』（2014 年）

・No.22『学生の「力」をのばす大学教育——その試みと葛藤』（2014 年）

・No.23『東日本大震災被災者体験記』（2015 年）

・No.24『スポーツツーリズムの可能性を探る——新しい生涯スポーツ社会への実現に向けて』（2015 年）

・No.25『ことばでつなぐ子どもの世界』（2016 年）

・No.26『子どもの心に寄り添う——今を生きる子どもたちの理解と支援』（2016 年）

・No.27『長寿社会を生きる——地域の健康づくりをめざして』（2017 年）

・No.28『下出民義父子の事業と文化活動』（2017 年）

・No.29『下出義雄の社会的活動とその背景』（2018 年）

・No.30『教員と保育士の養成における「サービス・ラーニング」の実践研究』（2018 年）

・No.31『地域が求める人材』（2019 年）

・No.32『高齢社会の健康と福祉のエッセンス』（2019 年）

・No.33『持続可能なスポーツツーリズムへの挑戦』（2020 年）

・No.34『高齢者の保健・福祉・医療のパイオニア』（2020 年）

・No.35『少子高齢社会のヒューマンサービス』（2022 年）

・No.36『「地域がキャンパス！」の実現に向けて——スポーツ・健康×まちづくりへの挑戦』（2023 年）

　当研究所ではこの間、愛知県碧南市や同旧足助町（現豊田市）、長野県売木村、

豊田信用金庫などからの受託研究や、共同・連携研究を行い、それぞれ成果を発表しつつある。研究所内部でも毎年5〜6組の共同研究チームを組織して、多様な角度からの地域研究を進めている。本報告書もそうした成果の1つである。また学校法人東邦学園が所蔵する、9割以上が第二次大戦中の資料である約1万4,000点の「東邦学園下出文庫」も、2008年度から愛知東邦大学で公開し、現在は大学図書館からネット検索も可能にしている。

　そのほか、月例研究会も好評で、学内外研究者の交流の場にもなっている。今後とも、当研究所活動へのご協力やご支援をお願いする次第である。

執筆者紹介

白井　克尚（しらい かつひさ）／愛知東邦大学教育学部准教授（まえがき、第3・8章担当）

今津孝次郎（いまづ こうじろう）／愛知東邦大学名誉教授、星槎大学大学院特任教授（第1・2章担当）

山本かほる（やまもと かほる）／愛知東邦大学教育学部特任教授（第4章担当）

伊藤　数馬（いとう かずま）／愛知東邦大学教育学部准教授（第5章担当）

丹下　悠史（たんげ ゆうし）／愛知東邦大学人間健康学部助教（第6章担当）

水野　正朗（みずの まさお）／東海学園大学スポーツ健康科学部教授（第7章担当）

柿原　聖治（かきはら せいじ）／愛知東邦大学教育学部教授（第8章担当）

西崎有多子（にしざき うたこ）／愛知東邦大学教育学部教授（第9章担当）

地域創造研究叢書No.37

教員養成におけるアクティブ・ラーニングの実践研究

2024年3月20日　第1版第1刷発行

編　者——愛知東邦大学　地域創造研究所

発　行——有限会社　唯学書房

　　　　〒113-0033　東京都文京区本郷1-28-36　鳳明ビル102A
　　　　TEL　03-6801-6772　　FAX　03-6801-6210
　　　　E-mail　yuigaku@atlas.plala.or.jp
　　　　URL　https://www.yuigakushobo.com

発　売——有限会社　アジール・プロダクション

装　幀——米谷　豪

印刷・製本——中央精版印刷株式会社